民法入門

生田敏康・畑中久彌・道山治延・蓑輪靖博・柳 景子 著
Toshiyasu Ikuta, Hisaya Hatanaka, Harunobu Michiyama, Yasuhiro Minowa & Keiko Yanagi

第**2**版

法律文化社

第2版はしがき

　本書の初版の上梓から4年が経過し、このたび第2版を刊行することにしました。初版は、民法（債権法）改正（2017年公布）に合わせて刊行されましたが、改正法は2020年4月に施行されています。民法の改正作業はその後も連綿と続いており、2018年には相続法の改正（2019年および2020年施行）と成年年齢を20歳から18歳に引き下げる改正（2022年4月施行）が実現しました。2021年にも主に所有者不明土地建物の問題を解決することを目的として物権法の改正がなされました（今後は親族法の改正がスケジュールに上がっています）。

　本書の第2版では、債権法改正以後に実施された上記の改正を反映して記述しています。とりわけ、相続法は40年振りの大規模な改正であったので、それに関連する章（⑭章）に大幅な加筆をしました。そのほか、初版における誤記や記述の誤りを訂正し、表現を改めるなど、より読みやすいものにしています。ただし、文章を切りつめるなどして全体的な紙幅の増加を抑えたので、コンパクトな民法入門書としての本書のメリットは第2版においても維持されています。

　本書は刊行以来、福岡大学をはじめ多くの大学などで民法の教科書として採用され、たくさんの方に愛読されてきました。執筆者一同、読者の皆様のご厚誼に感謝するとともに、今後もよりよい教科書にしていきたいと考えています。

　本書第2版の執筆担当者と担当部分は初版と同じですが、⑭章（相続）の加筆部分と索引は畑中が担当しています（登記簿、戸籍、婚姻届のひな形は法務省のホームページから転載させていただきました）。

　第2版の刊行に当たっても、初版のときと同じく法律文化社編集部の小西英央さんのお世話になりました。この場をお借りして改めてお礼を申し上げます。

　　2021年6月

執筆者一同

【第2刷にあたって】
　増刷（第2刷）にあたり、親子法制に関する民法改正（2022年12月16日公布）に対応して13章（親族）の記述を変更するなど、若干の訂正を行いました。なお、この改正法は、原則として公布の日から1年6カ月を超えない範囲内において政令で定める日から施行されますが、懲戒権の規定（旧822条）の削除に伴い新設される、子の人格の尊重と体罰等の禁止を定める規定（改正821条）は、公布の日から施行されています。

　　2023年4月

＊　本書において引用する法令の条文のうち、法令名の記載がないものは、断りのない限り、民法の条文です。

1章　序　論

1　民法とは

(1)「私法の一般法」としての民法

　人が社会の中で生活していくには一定のルールが必要であり、これを社会規範というが、法は、慣習や道徳などと並ぶ社会規範の1つである。

　法は、適用される関係の違いにより、**公法**と**私法**に分類される。公法は、国（または地方公共団体）と市民（私人という）との間および国・地方公共団体の機関同士の法律関係を規律する法であり、私法は、私人と私人の間の法律関係を規律する法である。公法の代表例が**憲法**や**行政法**であるのに対し、私法の代表例が**民法**であり、商法や会社法なども私法に属する。すなわち、私法は私人間において生ずるトラブルの解決の基準となるものであり、また、行為の基準となるものである（このほか、公法と私法が入り交ざった**社会法**という領域があり、労働法や経済法がそれに該当する）。

　そして、多くの私法の中で民法は、私人であれば誰にでも適用され、私人の行為一般に広く適用される**一般法**である。その意味で、民法は**私法の一般法**と定義される（特定の人や行為に適用される法を**特別法**という。たとえば、商人や商行為に適用される商法は、民法に対する関係では特別法である）。

(2) 民法の対象

　私人間の法律関係で重要なのは、物や権利などの財産が誰に属し、どのように移転するかということ、生命、身体、財産などが他人から侵害された場合にいかに救済されるかということ、結婚、親子、相続などの家族秩序をいかに定めるかということである。このように民法は、人の生活や家族関係から企業の活動に至るまで幅広く規律する私法の基本法である。

2　民法の歴史

(1) 民法の源流

　民法に相当する法規範は、古くから存在していた。7、8世紀のわが国では中国（唐）の影響のもと律令が制定され（「律」は刑事法、「令」はそれ以外の法令にあたる）、また、中世以降、武家法が発達し、中でも鎌倉幕府第3代執権の北条泰時が編纂した「御成敗式目」はよく知られている（そこには今日の土地の取得時効に相当する内容の規定もあった）。

　ヨーロッパにおいては、古代ローマでいわゆるローマ法が形成され、その集大成が6世紀に東ローマ帝国（ビザンチン帝国）で編纂されたユスティニアヌス法典（ローマ法大全）であるが、それは中世ヨーロッパ諸国に「法典継受」という形で承継されることにより大きな影響を与え、フランスやドイツを中心とするヨーロッパ大陸諸国における近代民法典の基礎となった。また、イギリスでは、コモン・ローおよびエクイティと呼ばれる独自の法体系が発達し、イギリスの植民地であった地域（アメリカなど）に広く普及していった。

(2) 民法典の編纂

　わが国の民法は、このような近代ヨーロッパ法の影響を受けて成立したものである。明治維新後、治外法権を定め、かつ関税自主権を欠いていた不平等条約の改正のために近代的な法典の整備が要請され、民法典の編纂もその一環として行われた。まず、フランス人法学者ボアソナードを中心にフランス法の影響を強く受けた民法典が編纂され（「旧民法」または「ボアソナード民法」という）、1890年にいったんは公布されたが、各界から反対の意見が続出し（法典論争）、結局、施行されることはなかった。そこで穂積陳重、富井政章、梅謙次郎が起草委員となって新しい民法典が編纂されることになり、成立したのが今日の民法典である（総則、物権、債権の3編は1896年に、親族、相続編は1898年に公布され、いずれも1898年に施行された）。この民法典は、ドイツ法（とくに当時、編纂中であったドイツ民法典草案）にならって、いわゆるパンデクテン方式（後述3

(1)参照) を採用するものであった。

⑶ 社会の変化と民法の変遷

　民法典は時代の進展と社会の変化に伴い、改正がなされてきたが、その1つ
が、太平洋戦争終結後の日本国憲法の制定に伴う家族法（親族・相続編）の大
改正（1947年）である。いわゆる「家制度」を基にした民法の家族制度（家督相
続、妻の能力の制限など）は、憲法の定める個人の尊厳と両性の本質的平等の理
念にそぐわないものであったからである。

　これ以降もいくつかの改正（根抵当の創設、担保法や法人法の改正など）がなさ
れ、2004年には民法典の条文の現代語化（口語化）が実現したが、家族法を除
く部分（財産法という）は根本的に大きな変更を受けることなく今日に至っ
た。しかし、民法典は100年以上前に成立したものであり、国際化・情報化が
著しく進んだ現代社会には適合しない規定が多く、また、民法典成立後、多く
の裁判例が集積され、民法典に書かれていないルールが多く存在するなど、必
ずしも分かりやすい法典とはなっていなかった。そこで、日常生活および企業
活動に密接に関係する「契約」をめぐる規定の改正が要請され、2017年、主に
総則編および債権編を対象とした民法改正が実現した（2020年4月施行）。

　その後も2018年には、相続編を対象とする大規模な改正（2019年、2020年施
行）と、成年年齢を20歳から18歳に引き下げる改正（2022年4月施行）がなされ
た。2021年にも、所有権を中心に物権編の改正がなされている。

3　民法の構造

⑴ 財産法と家族法

　民法典は、5つの編から構成されており、このうち、物権・債権の2編を**財
産法**、親族・相続の2編を**家族法**と呼んでいる。このように、民法の内容を財
産法と家族法に大別し、財産権を物権と債権に二分し、さらに共通規定として
総則編を冒頭に置く法典のスタイルを**パンデクテン方式**という。

　財産法は、所有権に代表される財産の帰属秩序を定める物権法（第2編）

と、契約に代表される取引秩序および生命・身体・財産などが侵害された場合（不法行為）の救済手段を規律する債権法（第3編）から構成される。

　家族法は、親族、婚姻、親子などの家族の法律関係を規律する親族法（第4編）と、人が死亡した場合の財産の承継に関するルールを定める相続法（第5編）から構成される。

　総則（第1編）は、民法典全体の共通規定であり、権利の主体や権利の変動などを定めるが、実際には財産法の総則という性格が強い（総則編の規定は家族法にそのまま適用できない場合が多い）。

(2) 狭義の民法と広義の民法

　民法とは、**狭義においては民法典の規定を指す**が、民法典以外の個別の法律（特別法）によって規定されているものも多く、これらは民法典の内容を補充し、または修正するものになっている。その代表的なものとして一般社団法人・財団法人法、不動産登記法、建物区分所有法、利息制限法、消費者契約法、借地借家法などがあり、民法典とこうした多くの特別法を含めて「**実質的意義における民法（広義の民法）**」と呼ぶこともある。

(3) 民事法・実体法としての民法

　私人間の紛争を解決するのは民事裁判（民事訴訟）であるが、民法は裁判官が判断する根拠となる権利・義務を定める**実体法**の1つである。これに対して紛争を処理する手続を規定し、こうした権利を実現するプロセスを定める法を（民事）**手続法**と呼び、民事訴訟法、民事執行法、家事事件手続法などがそれに当たる。この民事に関する実体法と手続法を含めた法のグループを**民事法**という。民法は民事法の代表的な存在といえる（民事法に対して、犯罪の成立要件と刑罰を定める実体法としての刑法と、犯罪の被疑者に対する裁判の手続を定める手続法としての刑事訴訟法などを総称して**刑事法**と呼ぶ）。

(4) 判例──書かれざる民法のルール

　裁判官が裁判を行うに当たって根拠とする規範・ルールのことを**法源**とい

う。法源の代表的なものは、国会で制定された法律のような**成文法**（制定法）であるが、慣習や裁判の先例である判例のような**不文法**も法源となる。

　法律学の学習においては、法律の規定すなわち条文を覚えるだけでは不十分である。あらゆる事象に対して法律の条文だけで対応するのは不可能であり、具体的な紛争を前にして裁判官は、適当な条文がないからといって判断を回避することはできず、みずから規範（ルール）を作って事件を解決せざるを得ない。こうした裁判例が集積して以後の裁判官の判断の基準となり、あたかも法規範のように扱われているものが**判例**である。とりわけ、最高裁判所の判例は拘束力が強く（判例を変更する場合、原則として大法廷を開かなければならない）、判例という場合、ほとんどが最高裁の判例を指している。

　民法の分野においても判例は、民法典を補完するものとして極めて重要な役割を果たしている。また判例は、民法の条文が具体的な事件にいかに適用されて解決されるのかを学べる最良の教材でもある。その意味で条文の理解とともに判例の学習が不可欠である。

4　私権の分類

　私法上の権利を**私権**といい（1条1項、3条1項参照）、私権は**財産権**とそれ以外の権利に大別することができる。

　民法は財産権を物権と債権に二分している。**物権**は物に対する直接的・排他的な支配権であり、**債権**は特定の者が他の特定の者に対して一定の行為（給付という）を請求することのできる権利である（詳細は4章および7章を参照）。

　財産権は物権と債権に限られるのではなく、著作権、特許権、商標権などのいわゆる**知的財産権**も財産権の1つであり、著作権法、特許法などの特別法で規定されている（これらの権利は知的創造物に対する排他的な支配権であり、物に対する支配権である物権と類似するが、権利の対象が無体物（形のない物）である点で物権と区別される）。

　財産権以外の権利として挙げられるのは、**家族法上の権利**（身分権ともいう）である。たとえば、親の子に対する親権がその代表であるが、財産権と異な

り、権利であると同時に義務としての性格を帯びていることが特徴である。親は子に対して親権の一内容として監護・教育する権利を有しているが、同時に監護・教育する義務をも負っている。親が監護・教育を怠ったり、権利を濫用したりする場合は、親権の停止や喪失などの処分を受けることがある。

　また、民法典では明確には規定されていないが、**人格権**という権利が存在する。これは簡単にいえば、個人の尊厳に基づき、人として尊重を受ける権利であるといえよう（憲法13条参照）。たとえば、人に対する社会的評価である名誉を尊重すべき名誉権、自分の私生活について他人からみだりに干渉を受けることのないプライバシー権などである。これらが不法に侵害された場合、損害賠償（709条、名誉に関しては723条も参照）を請求することができるほか、侵害行為に対して差止めを求めることができる場合もある。

5　民法の基本原理とその修正

　わが国の民法典は近代国家の成立と同時に成立したものであるので、近代国家すなわち資本主義国家としての理念が色濃く反映されている。

　その第1が、**権利能力平等の原則**である。人は人種・性別・職業・身分等にかかわりなく等しく権利義務の主体となるという原則である。近代以前の社会では、人種や身分によって権利を有しなかったり、権利の内容に差が設けられたりしていたが、近代法はそれらを撤廃した（詳細は**2**章2を参照）。

　第2に、**所有権絶対**（財産権不可侵）**の原則**がある。近代以前においては土地その他の財産に対する様々な封建的諸権利が錯綜して存在しており、土地等の自由な移動を阻害し、経済的な発展を妨げていた。近代国家はこのような諸権利を廃止または整理し、単純明快な絶対権としての所有権を確立することにより、資本主義社会の法的基盤を整備した。わが国においても、憲法が財産権の不可侵（保障）をうたい（憲法29条1項）、民法もまた所有権を「自己の所有物を自由に使用・収益・処分できる権利」として位置づけているところから（206条）、所有権を尊重する姿勢がうかがわれる。

　第3に、私的自治および契約自由の原則がある。**私的自治の原則**とは、国家

図表 1-1 民法の基本原理

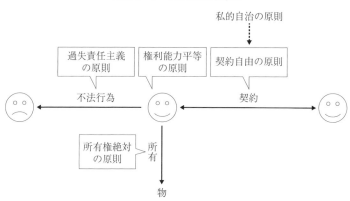

から介入を受けることなく自分の生活関係を自分で決定できるという原則であり、**契約自由の原則**は、契約を結ぶかどうか、どのような内容の契約にするかを自由に決められるという原則である。これらの原則は、個人や企業の自由な経済活動を認める法的な根拠を与えるものであった。なお、契約自由の原則は民法に明記されている（521条）。

第4に、**過失責任主義の原則**がある。過失責任主義とは、他人の権利を侵害して損害を与えたとしても過失がなければ賠償責任（不法行為責任）を負わないとする原則である。この原則は結果的に企業の自由な経済活動を裏面から支える役割を果たしてきた。わが国においても、不法行為の要件を定める民法709条が「故意又は過失によって他人の権利……を侵害した者は」と定めることにより、過失責任主義がとられていることは明らかである。

もっとも、これらの原則は今日においては修正を受けている。所有権その他の財産権の不可侵については、憲法みずから財産権の公共の福祉による制約を定め（憲法29条2項）、公共のための収用（公共目的のために財産権が剥奪されること）がありうることを認めている（憲法29条3項）。実際に所有権その他の財産権を制約する法規（主に行政法規）は無数に存在する。これを受けて民法典も、私権が公共の福祉に適合すべきものであるとし（1条1項）、**権利濫用の禁止の原則**（1条3項）をもって所有権等の無制約な行使を禁止している。

契約自由の原則についても、これを無制限に認めると、労働者、消費者、借家人など経済的・社会的に弱い立場にある人々が不利益を被り、企業活動を放任すると市場の独占が進み、公正な価格形成が妨げられる恐れがある。これらに対して、労働基準法が労働者保護のため賃金や労働時間についての規制を行い、独占禁止法が公正かつ自由な競争を促進するために企業の私的独占や不当な取引を禁止するなど、今日では契約自由の原則に対する様々な制約が存在する。また、権利の行使および義務の履行は信義に従い、誠実に行わなければならないから（1条2項）、矛盾する言動をしたり、契約の相手方の信頼を裏切るようなことをしたりすることは許されない（これを信義誠実の原則、略して**信義則**という）。信義則を根拠に使用者（会社）の労働者に対する安全配慮義務や企業の消費者に対する商品・サービスに関する説明・情報提供義務が認められ、労働者や消費者の保護が図られていることも見逃せない（**7**章参照）。

過失責任主義の原則に対しても、大気汚染防止法や製造物責任法（ＰＬ法）の制定にみられるように、企業活動につき**無過失責任**を広く認めることにより被害者の救済を図る立法が増えている。

なお、家族法においては個人の尊厳と男女の平等の理念に基づいて立法および解釈がなされなければならない（憲法24条、民法2条参照）。これに加えて、子の利益・福祉に寄与するものでなければならない。

6　民法の読み方

(1) 民法典の階層構造とパンデクテン方式

民法典は、5つの**編**から成り立っているが、各編は**章**に分かれている。さらに章は順次、**節**、**款**、**目**から構成され、階層構造をなしている。

また、民法典はパンデクテン方式を採用しているので、必ず共通（総則）規定が冒頭に来る。民法の条文を適用してある問題を解決しようとする場合、直接関係する条文だけでなく、共通する規定が別にあるはずである。そうした条文を順次たどり、総合的に読み解くことによって、具体的な問題を解決できるのである。

⑵ 条文の読み方

　法律の条文の多くは、**要件（法律要件）**と**効果（法律効果）**から構成されている。つまり、条文は「○○○という要件があれば、●●●という効果が発生する」という形で規定されている。たとえば民法415条1項をみてみよう。

民法415条第1項（債務不履行による損害賠償）
債務者がその債務の本旨に従った履行をしないとき又はその債務の履行が不能であるときは、債権者は、これによって生じた損害の賠償を請求することができる。ただし、その債務の不履行が契約その他の債務の発生原因及び取引上の社会通念に照らして債務者の責めに帰することができない事由によるものであるときは、この限りでない。

　この条文から、債権者が損害賠償の請求をするためには（効果の発生）、①債務者が債務の本旨に従った履行をしない、または履行が不能であること、②損害が生じたこと、③「これによって」つまり債務不履行と損害の発生の間に因果関係が存在すること、という要件が必要であることがわかる。これは同時に損害賠償を請求する者（債権者）が、これらの要件を主張して証明しなければならないことを意味している（このことを**主張・立証（証明）責任**という）。

　一方、この条文の「ただし……」で始まる部分を「ただし書」といい、前半の「本文」に対する例外を意味するが、そこでは債務者が損害賠償責任を免れるために主張・立証しなければならないことが書かれてある。すなわち、債務者は債務不履行が自分の責めに帰することができない事由によるものであることを証明できれば、賠償責任を免れることができるのである。

　民法に限らず、法律の条文を理解するのは難しいが、以上のようなことを意識しながら条文を読めば、民法もより理解しやすくなるだろう。

2章　総　　則（1）
自然人・法人

1　民法総則の基本構造

　民法第1編（民法総則）は、「人」、「法人」、「物」、「法律行為」、「時効」という制度を規定している。この配列にはきちんとした意味がある。

　「人」と「法人」は、権利をもつ主体について定めている。「物」は、権利の対象となる財産（の一部）について定めている。「法律行為」と「時効」は、権利の変動について定めている（権利の変動とは、権利が生まれたり消えたり、持ち主を変えたりすることをいう）。

　このように、民法総則は、権利を中心とする法秩序の基本構造（権利の主体・客体・変動）に沿って作られている。本章では人と法人を、次章では主に法律行為と時効を取り上げる。物は物権のところで取り上げる（4章）。

図表 2-1　民法総則の基本構造

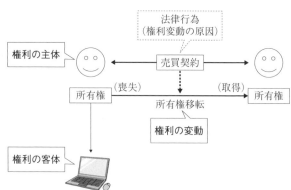

2　自然人の権利能力

　法律学では、人間を**自然人**としぜんじんと呼ぶことがある。自然人といっても、自然のままに生きる野生の人という意味ではない。単に人間のことである。

　民法は、自然人に4つの能力を与えている。権利能力、意思能力、行為能力、責任能力である。責任能力は不法行為のところで取り扱うこととし（12章参照）、本章では、権利能力、意思能力、行為能力を学ぶ。

　権利能力とは、権利をもつことができる資格のことである。もしあなたにその資格がなかったら、あなたは所有権をもてないから、法律上、「自分の物」といえる物がなくなってしまう（所有権については4章参照）。もし誰かが勝手にあなたの本をもっていっても、あなたは本を取り返せない。実力行使は禁止されているし、裁判所に訴えることもできないから、あなたは本を取られっぱなしという状態になってしまう。あなたの持ち物は全部、そういう扱いになる。

　では、あなたには権利をもつ資格、すなわち権利能力があるだろうか。民法は、**人間は誰でも平等に権利能力を有する**としているから（このルールを**権利能力平等の原則**という）、あなたには権利能力があることになる。

　権利能力平等の原則は、奴隷制度の克服と密接な関係がある。奴隷は、法律上、物として扱われ、権利をもつ資格を認められていなかった（ただし、これと異なる場合も多くある）。たとえば、1825年のルイジアナ民法典は、主人は奴隷を売却できる、奴隷は物を所有できない、奴隷は不動産とみなされる、と定めていた（能見善久『人の権利能力——平等と差別の法的構造・序説』平井古稀（有斐閣、2007年）参照）。もちろん、アメリカでは奴隷制度は廃止されている（1863年の奴隷解放宣言、1865年のアメリカ合衆国憲法修正13条）。

　すべての人間が平等に権利能力を有することは、現在では当然の原則とされている。そのため、日本の民法には、権利能力の平等を直接定めた条文は存在しない。これに対し、人間がいつから権利能力をもつかは、人によって意見が異なりうる問題である。だから、条文で定めておく必要がある。

　生物としての人間の発生は受精から始まる。2つの細胞が結合した時から、

その細胞に権利能力が与えられるのだろうか。それとも、もっと後の時点で権利能力は与えられるのだろうか。この点について、民法は、「私権の享有は、出生に始まる」と定めている（3条1項）。その意味は、生きて生まれた時から私権をもつことができる、というものである（私権とは、私法で定められた権利のことである。たとえば、所有権は民法206条に定められている）。このように、**権利能力は、生きて生まれた時から人に与えられる。**

　そうすると、胎児はまだ生まれていないから、権利能力はないことになる。しかし、この取扱いには3つの例外がある。**不法行為**（721条）、**相続**（886条）、**遺贈**（965条）については、**胎児も権利能力を有している。**たとえば、胎児Aをのこして父親が死亡した場合、Aはまだ出生していないから、原則によれば（3条1項）、父親の遺産を相続することはできない。しかし、相続について胎児は「既に生まれたものとみなす」とされているから（886条）、Aは父親の遺産を相続することができる。

　権利能力という用語の分かりにくさは、「能力」という言葉を使っているところにある。ふつう能力というと、飛んだり跳ねたりする身体能力や、難しい問題を解けるといった知力のことを思い浮かべる。しかし、権利能力の「能力」は、それとは全く違う。法律によって与えられる資格のことである。権利能力は身体能力や知力とは関係がないから、言葉を話せないゼロ歳の赤ちゃんでも、植物状態の人でも、権利能力をもつことができる。どういう人に権利能力を与えるかは、法が決めるのである。

3　自然人の意思能力

(1) 意思に基づく権利の取得・喪失

　以上のように、すべての人は権利をもつ資格を有している。では、人はどうやって権利を手に入れるのだろうか（権利の取得）。また、どうやって権利を手放すのだろうか（権利の喪失）。

　たとえば、所有権の取得・喪失について考えてみよう。多くの場合、私たちは、物を買うことによって、所有権を取得する。また、物を売ったり捨てたり

することによって、所有権を喪失する。物を買う、売る、捨てることは、すべて自分の意思で行っていることである。

　民法では、意思に基づいて権利を取得したり喪失したりする行為を、法律行為と呼んでいる（法律行為の詳しい説明は8章で行う）。

(2) 意思能力

　人が法律行為によって権利を取得したり喪失したりするためには、人の側に、ある条件が備わっていなければならない。その条件とは、一定の判断力があることである。

　たとえば、認知症患者Aが、Bから、「土地を売ってくれ」と申し込まれたとしよう。Aは、何をいわれているか理解できないまま、何となくうなずき、Bの指示に従って契約書に署名・捺印（なついん）したとしよう。この場合、Aには、土地を手放す意思があったといえるだろうか。あったといえるためには、「うなずいて署名・捺印したら、土地を手放すことになる」とAが理解していたことが必要である。そのような理解がないまま一連の動作をしても、それは土地を手放そうと思って行われたのではなく、何か別の理由で行われたものである。そこには、土地を手放そうとする意思は存在しない。また、判断力が欠けている人は取引で損をしやすいから、保護する必要がある。

　以上の理由から、Aが結んだ土地の売買契約は、無効とすべきである。Aには、**自分の行為によってどのような法的結果が生じるか**（上記の例では、うなずいて署名・捺印したら土地を失うことになること）**を理解できる判断力**が欠如している。この判断力のことを**意思能力**という。**意思能力がない状態で行った法律行為は、無効となる**（3条の2）。認知症のような精神障害によって意思能力を失う場合もあるし、泥酔によって意思能力を失う場合もある。

4　自然人の行為能力

　人は、自分の意思に基づいて法律行為を行い、権利を取得したり喪失したりする。しかし、判断力が欠けた人や不十分な人は、自分の判断では契約を結べ

なかったり、契約で損をすることが多くなったりしてしまう。そこで、そのような人をサポートする制度が必要となる。そのような制度として、未成年者、成年後見、保佐、補助がある。

(1) 未成年者

　未成年者は18歳未満の者である（4条）。成年に達する年齢は、かつては20歳であったが、2018年の民法改正によって18歳に引き下げられた（2022年4月施行）。未成年者をサポートするのは親である（正確には親権者等の法定代理人）。

　未成年者は、まだ判断力が十分ではないから、法律行為をするためには保護者である親の同意を得なければならない（5条1項）。**もし単独で法律行為をした場合には、その法律行為は取り消すことができる**（5条2項）。

　たとえば、未成年者が、親に相談せず同意を得ないまま語学学校に入学したとする。この場合、その学校に通う契約は取り消すことができる。

(2) 成年後見

　成年後見とは、重度の認知症患者のように、判断力を「欠く常況」にある人を対象とするサポートである（7条）。「常況」とは、常にそのような状況にある、という意味である。

　サポートされる人を成年被後見人といい、サポートする人を成年後見人という（8条）。未成年者の場合と異なり、成年後見のサポートを受けるためには、家庭裁判所の審判が必要である（7条）。

　成年被後見人の法律行為は、取り消すことができる（9条本文）。たとえば、成年被後見人が土地を売却する契約を結んでも、その契約は取り消すことができる。取り消せば、土地を手放さなくてもよくなる。

　ただし、成年被後見人の法律行為であっても、**「日用品の購入その他日常生活に関する行為」は取り消すことができない**（9条ただし書）。たとえば、コンビニでパンを買ったり電球を買ったりする場合である。

　なお、成年被後見人の法律行為は、事前に同意がある場合であっても、取り消すことができる（この点は、未成年者、被保佐人、被補助人の場合と異なる）。成

年被後見人は判断力が欠如しているから、成年後見人が事前に同意を与えても、同意どおりの行為ができるとは期待できないからである。

(3) 保　　佐

保佐とは、判断力が「著しく不十分な」人を対象とするサポートである（11条）。著しく不十分ではあるが、判断力が欠如しているわけではないので、精神障害の程度は成年後見の場合よりも軽い。

サポートされる人を被保佐人といい、サポートする人を保佐人という（12条）。保佐のサポートを受けるためには家庭裁判所の審判が必要である（11条）。

被保佐人は、法律行為をするためには、保護者である保佐人の同意を得なければならない（13条1項）。もし単独で法律行為をした場合には、その法律行為は取り消すことができる（13条4項）。

ただし、**同意が必要な行為は、重要なものに限定されている**（13条1項各号。たとえば、借金をしたり保証人になったりすること）。重要な行為に限定する理由は、本人に判断力が残っているからである。

(4) 補　　助

補助とは、判断力が「不十分な」人を対象とするサポートである（15条）。「著しく不十分」ではなく単に「不十分」とされているから、精神障害の程度は保佐の場合よりも軽い。

サポートされる人を被補助人といい、サポートする人を補助人という（16条）。補助のサポートを受けるためには家庭裁判所の審判が必要である（15条）。

被補助人は、同意が必要と審判された法律行為をするためには、保護者である補助人の同意を得なければならない（17条1項）。**もし単独で法律行為をした場合には、その法律行為は取り消すことができる**（17条4項）。

ただし、**同意が必要な法律行為は、保佐人の場合よりもさらに限定されている**（17条1項ただし書）。被補助人は、被保佐人よりも判断力が残っているからである。

補助の場合、法律行為に対する保護者の同意には次の特徴がある。被補助人

になっても、自動的に、法律行為に保護者の同意が必要とされるわけではない。保護者の同意を必要とする旨の審判が必要である（17条1項。たとえば、5万円以上の商品の購入については補助人の同意を必要とする、との審判）。

(5) 行為能力と制限行為能力者

　未成年者、成年被後見人、被保佐人、被補助人に対しては、判断力の欠如や不十分さを補うために、保護者がつけられている。未成年者、被保佐人、被補助人は、取消しの可能性のない法律行為をするためには、保護者の同意を得なければならない。成年被後見人は、たとえ同意があっても、一部の例外を除き、取消しの可能性のある法律行為しかできない。

　上記以外の者は、自分の判断だけで（すなわち単独で）、取消しの可能性のない法律行為を行うことができる（「取消しの可能性がない」ことを「確定的に有効」と表現することがある）。

　自分の判断だけで（＝単独で）取消しの可能性のない（＝確定的に有効な）**法律行為を行うことができる資格を、行為能力という。その資格を制限されている者を制限行為能力者と呼ぶ。未成年者は年齢によって行為能力を制限され、**成年被後見人、被保佐人、被補助人は、精神障害を理由として、家庭裁判所の審判によって行為能力を制限される。

図表 2-2　意思能力・行為能力

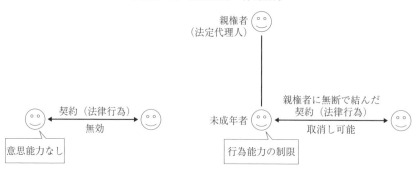

5　法　　人

　大学はキャンパスの土地や建物を所有している。大学自体がキャンパスを所有しているのであって、学生や教職員といった大学の構成員がキャンパスを共有しているのではない。

　学生や教職員は自然人であるが、大学自体は自然人ではない。自然人ではない大学がなぜ所有権をもてるかといえば、法律によって権利能力が与えられているからである。このように、**自然人以外で権利能力を与えられた存在を法人**という。

　以下では、まず法人の種類を説明し、つぎに法人の必要性、最後に法人の作り方（設立の仕方）を説明する。

⑴ 社団法人・財団法人

　社団法人と財団法人の違いは、何に対して権利能力が与えられたかにある。

　社団法人は、人の集団（団体）に権利能力が与えられた法人である。たとえば、大学の同窓会を考えてみよう。F大学同窓会は、卒業生1万人を会員とする法人だとする。この場合、権利能力は、同窓会という団体自体に与えられている。したがって、同窓会の物品（たとえばパソコン）は、会員1万人の共有物ではなく、同窓会自体の所有物となる。社団の構成員を**社員**という。

　財団法人は、財産に権利能力が与えられた法人である。たとえば、ある人が1億円を民法の学術振興のために使いたいと考え、財団法人として「民法研究センター」を設立したとする。民法研究センターが研究員を雇ったり建物を購入したりした場合、研究員の雇主や建物の所有者になるのは、1億円を提供した人ではなく、民法研究センターである。

⑵ 営利法人・非営利法人

　営利法人と非営利法人の違いは、**事業活動の収益を構成員に分配するかどう**かにある。

たとえば、株式会社は、収益を株主に配当することを目的とした法人であるから、営利法人である。Ｆ大学同窓会も、懇親会や講演会等のイベントを開催し、収益を上げている。しかし、その収益は、同窓会の会員に配当されるのではなく、同窓会運営費（事務所を借りる費用等）に充てられる。この場合、Ｆ大学同窓会は、収益を上げているが、その収益の配当を活動の目的としていないので、非営利法人である。

(3) 非営利法人の種類

　非営利法人の種類は、主に以下のとおりである。

　まず、**一般社団法人・一般財団法人**がある（一般社団法人・財団法人法３条）。設立の目的が限定されていないので、同窓会、町内会、同好会、スポーツ振興会等、様々な活動を目的とした法人が設立できる。たとえば、日本音楽著作権協会（JASRAC）は、一般社団法人の例である。

　つぎに、**公益社団法人・公益財団法人**がある（公益社団法人・財団法人認定法２条、４条）。公益社団法人・公益財団法人とは、一般社団法人・一般財団法人のうち、「公益認定」を受けた法人をいう。公益認定は、公益認定等委員会（民間有識者で構成される第三者委員会）の審査を踏まえて、国または都道府県が行う。公益法人の例としては、著名なものとして、日本オリンピック委員会（JOC）や日本相撲協会がある。法学関連では、日弁連法務研究財団や、民法上の問題に関わるものとして、家庭問題情報センター（Fpic）等がある。公益法人の特徴は、スポーツ振興等、**不特定多数の人々の利益のために活動する法人**であることである。これに対し、同窓会や町内会は、卒業生や地域住民といった特定の人々の利益のために活動している。

　最後に、**特定非営利活動法人**がある（特定非営利活動促進法２条）。**NPO法人**（Non Profit Organization）と呼ばれることが多い。まちづくりや災害救援活動等、ボランティアを行う団体は、NPO法人になることができる。

(4) 法人制度の必要性

　以上のように、様々な法人が認められているが、なぜ法人という制度が必要

なのだろうか。

　まず、**法律関係がシンプルになり、取引が円滑になる**というメリットがある。たとえば、30人で同好会を作り、同好会用にパソコンを購入したとする。同好会が法人でない場合、パソコンは30人の共有物になるから、売ろうとすると30人全員の同意が必要になる。同好会が法人であれば、パソコンは法人の所有物だから、法人の代表者の判断だけで売却できる。

　つぎに、**構成員の個人財産と法人の財産を切り離すことができる**。たとえば、同好会で自動車を買ったが、同好会の財産では代金を支払えなかったとする。同好会が法人でなければ、各会員は、自分の財産を使って代金を支払わなければならない（団体の借金について構成員は限定のない責任を負う。**無限責任**という）。これに対し、同好会が法人である場合には、同好会の借金は同好会の財産だけで支払うことになる。会員は、同好会に出資した財産だけ失えばすむ（団体の借金について構成員の責任は限定されている。**有限責任**という）。

⑸ 法人の設立

　法人には様々なメリットがあるが、他方で、取引に混乱が生じる危険がある。たとえば、「社団法人 法学教育センター」の代表と名乗る者が、あなたに多額の寄付を依頼して来たとする。あなたはその法人が本当に存在するかどうか心配になるだろう。寄付をしたら実はそのような法人は存在しなかった、という事態も生じうるからである。

　そこで、法人を設立するためには、法人の名前や目的、主たる事務所の所在地等を記載した**定款**を作成し、**法人登記**をすること等が必要とされている（一般社団法人・財団法人法10条、22条等）。法人登記は、不動産登記とともに、司法書士という法律専門家の活躍する法律業務である。

図表 2-3 法人

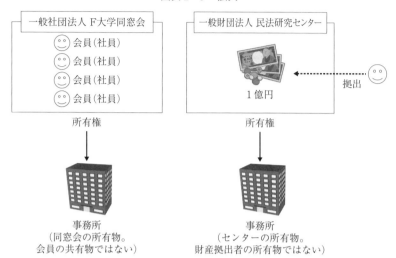

一般社団法人 F大学同窓会
- 😊 会員(社員)
- 😊 会員(社員)
- 😊 会員(社員)
- 😊 会員(社員)

所有権 ↓

事務所
(同窓会の所有物。
会員の共有物ではない)

一般財団法人 民法研究センター

1億円

😊 ← 拠出

所有権 ↓

事務所
(センターの所有物。
財産拠出者の所有物ではない)

3章　総　則（2）
法律行為・代理・時効

1　法律行為

(1) 法律上の効果を発生させる法律上の要件——法律行為

① 意思表示とは何か

　ここでは、日常的に行われる行動を例にとって、意思表示や法律行為（契約）について考えてみる。たとえば、個人商店のパン屋の店先で、商品ケースの向こう側にいるパン屋の店主（パンを売る人なので、売主という）に向かい、「食パンをください」といっている場面を想像してみよう。このとき、パンを買う人（買主という）の行動や心の中で起こっていることは、民法学ではどのように考えられるのだろうか。

　まず、買主は「朝食として食べるため」「ここの食パンは安くておいしいか

図表3-1　意思表示の形成過程

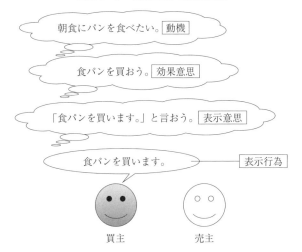

ら」といった一定の**動機**をもって、心の中で「食パンを買おう」と思う。このように、「食パンを買おう」と心の中で思うことを、民法では**効果意思**という。そして、この効果意思を「相手（売主）に伝えよう」と思うことを**表示意思**といい、実際に「食パンをください」と表明することを**表示行為**という。以上のような、**動機、効果意思、表示意思、表示行為**、という段階を経てつくられる、「食パンをください（食パンを買います）」という意思の表明のことを、**意思表示**という。なお、上の例では、意思表示を口頭で伝えているが、取引によっては、文書やEメール等で伝えることもあるだろう。これらも意思表示に当たる。また、コンビニなどで、買いたい商品を直接レジに差し出す行為も、意思表示である。

② 申込みと承諾、および契約

つぎに、「食パンをください」という買主の申し出に対して、売主は「はい、わかりました」と答えるだろう。このように、「食パンをください」という申し出を、民法では**申込み**といい、これに対する売主の返答、「はい、わかりました（＝あなたに食パンを売ります）」を、**承諾**と呼ぶ。申込みも承諾も、それぞれ意思を表現しているから、意思表示の一種（申込みの意思表示、承諾の意思表示）である。

以上のことは、次のようにまとめられる。まず、買主がパン屋から食パンを購入するという申込みの意思表示と、売主から買主に食パンを売るという承諾の意思表示があり、この2つの**相対立**する意思表示が合致したことによって、買主と売主との間で、食パンを売買するという**売買契約**が締結される。また、

図表 3 - 2 　売買契約の成立

この場合の食パンを、**契約の目的物**という。なお、契約には、本件のような物（**動産**という）や、土地や建物（**不動産**という）を売り買いするという売買契約や、動産や不動産を貸し借りするという賃貸借契約、洋服を仕立てる・建物を建築するなど、ある一定の仕事を完成してもらって報酬を得るという請負契約など、様々な種類がある（民法には13種類の契約があらかじめ規定されている）。

③法律行為・法律要件・法律効果という概念

　食パンの売買契約が成立したということを、さらに民法学の概念で詳しく分析してみよう。食パンの売買契約が成立すると、売主は買主に食パンを引き渡さなければならず、その見返りとして、買主は売主に代金を支払わなければならない。このことを、売主は買主に対して売買契約の目的物（食パン）の**引渡義務**（目的物引渡義務。**目的物引渡債務**とも呼ぶ）を負い、買主は売主に対して代金支払義務（代金支払債務）を負う、と表現する。こうした目的物引渡義務や代金支払義務は、契約締結によって発生したのである。別の言い方をすれば、契約締結によって、買主は売主に対して目的物を引き渡すように**請求する権利**（目的物引渡請求権。**目的物引渡債権**とも呼ぶ）を得、売主は買主に対して代金支払いを請求する権利（代金支払請求権。**代金支払債権**とも呼ぶ）を得たということになる。

　以上のように、契約が締結されると、その効果として、権利や義務が発生する。契約は、権利や義務を発生させるほか、すでに存在している権利や義務を消滅させたり（たとえば、「借金をなかったことにしてくれ」と頼まれて、「いいよ」と返事をする場合）、内容を変えたり（たとえば、「借金を半額にしてくれ」と頼まれて、「いいよ」と返事をする場合）することもできる。権利や義務の発生・消滅・変更（これらをあわせて権利や義務の**変動**と呼ぶ）は、一定の要件が満たされたときに生じる法律上の効果（**法律効果**）である。契約は、権利や義務の変動という法律効果を生じさせる要件（**法律要件**）となっている。

　契約という法律要件の核心部分は、意思表示によって権利や義務が変動するという点にある。契約と同じように、意思表示によって権利や義務を変動させる行為には、**単独行為**と**合同行為**がある。

　単独行為は、一方的な意思表示によって、権利や義務を変動させる行為であ

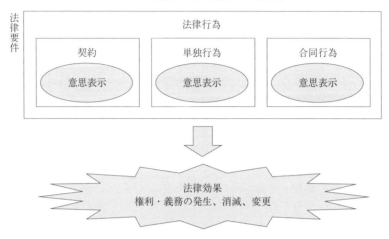

図表3-3　法律要件・法律行為・法律効果とは

法律要件

法律行為

| 契約 | 単独行為 | 合同行為 |

意思表示　　意思表示　　意思表示

法律効果
権利・義務の発生、消滅、変更

る。契約とは異なり、相手方の承諾はいらない。単独行為の典型例としては、遺言が挙げられる。遺言は、遺言者の意思表示と遺言書の作成によって成立する。ここで必要とされている意思表示は、遺言者のみの意思表示である。

　合同行為は、複数の意思表示の合致によって成立する行為であるが、契約と異なり、それぞれの意思表示の内容は同じである。合同行為の典型例としては、社団の設立が挙げられる。たとえば、A、B、Cが会社を設立する場合、会社の設立に向けた3人の意思表示の合致が必要である。このとき、3人の意思表示は、すべて「会社を設立しよう」という同じ内容であり、契約のように、異なる内容の意思表示が対になっているわけではない。合同行為を成立させる意思表示は、いわば、一方方向の同じ内容の意思表示が集まった状態にある。

　契約、単独行為、合同行為は、意思表示に基づいて権利・義務を変動させる法律要件であるという点で、共通点がある。そこで、契約、単独行為、合同行為をまとめる概念として、**法律行為**という概念が存在している。単独行為と合同行為は日常生活にはあまり馴染みのない行為である。これに対し、契約は日常生活で頻繁に行われており、極めて身近な存在となっている。学習の便宜

上、条文で「法律行為」という言葉が出てきたときは、「契約」と置き換えて読んでみるとよい。そうすると、その条文の具体的場面を想像しやすくなる場合が多い。

　以上の抽象的な概念の説明を、ここでもういちどまとめておこう。まず、最も抽象的な概念として、**法律行為**がある。**法律行為**とは、**意思表示に基づいて権利・義務の変動**（発生、消滅、内容変更）**という法律効果を生じさせる法律要件**である。そして、法律行為の具体的類型として、**契約、単独行為、合同行為**がある。これらは、意思表示に基づいて権利・義務を変動させる行為であるという点で共通しているが、意思表示のあり方がそれぞれ異なっている。

⑵ 意思表示が不完全な場合を扱う制度
　　——心裡留保、通謀虚偽表示、錯誤、詐欺・強迫

　(1)でみたように、パン屋で食パンを買う場面における一連の行為は、法律的に表現すると、買主による「食パンを買います」という申込みの意思表示と、売主による「食パンを売ります」という承諾の意思表示という2つの意思表示が合致することで、売買契約が成立した、ということができる。このとき、これらの意思表示は、それぞれ正常な過程を経て形成され、それぞれが合理的な判断を下した結果として現れたものであることを前提としている。ところが、事情によっては、これらの意思表示が正常でない過程を経て、合理的でない判断の結果として形成されることがありうる。民法には、このような場合について対処する諸制度が設けられており、それが、**心裡留保、通謀虚偽表示、錯誤、詐欺・強迫**である。

① 心裡留保

　心裡留保は、民法93条に規定されている制度で、意思表示をした者が、その意思表示が真意ではないことを知った上でわざと行った場合でも、当該意思表示の効果は否定されない（その意思表示は有効である）、というものである。

　たとえば、Aが、冗談で、自分が所有する100万円もする高価な宝石をBに「10万円で売ろう」といい、これに対してBが「（その宝石を）10万円で買おう」といった場合、外形的には、当該宝石を10万円で売買するということについ

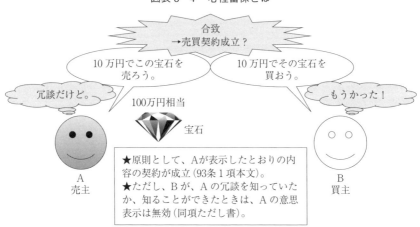

図表3-4　心裡留保とは

合致
→売買契約成立？

10万円でこの宝石を
売ろう。

10万円でその宝石を
買おう。

冗談だけど。

もうかった！

100万円相当

宝石

A
売主

B
買主

★原則として、Aが表示したとおりの内容の契約が成立（93条1項本文）。
★ただし、Bが、Aの冗談を知っていたか、知ることができたときは、Aの意思表示は無効（同項ただし書）。

て、Aの申込みの意思表示とBの承諾の意思表示があり、これら2つの意思表示が合致していることから、AとBとの間に、「（100万円相当の）宝石を10万円で売買する」という内容の売買契約が成立するようにみえる。しかし、Aは冗談で「（その宝石を）10万円で売ろう」といったのであり、真意ではない。したがって、Aには「（その宝石を）10万円で売ろう」という意思表示はあっても、これに対応するAの心の中の「（その宝石を）10万円で売ろう」という意思は存在していない。このようなAの状態のことを、心の中に、実際に表示したものとは異なる意思（本当は100万円相当の宝石を10分の1の価格で売りたくなどない）を留めている、という意味で、**心裡留保**（「裡」は「裏」のこと）という。心裡留保は、意思表示はあるが、それに対応する真意が存在しないという意味で、「意思表示が不完全な場合」とも表現される。

　では、上記AとBとの関係はどうなるのか。仮に、Aの表示のとおり、100万円相当の宝石を10万円でBに売るという内容の契約であるとすれば、Aは冗談でいったつもりが、100万円の価値があるものを10分の1の価格で他人に譲らなければならず、Aがかわいそうにも思える。他方で、Aの真意をつねに尊重して、Aが実際に表明した内容の契約を認めないとすると、BがAの冗談を本気にしていた場合、今度は逆にBがかわいそうになる。もしかしたら、Aの

話を真に受けたＢは、10万円の金策に奔走し、手間や時間、場合によっては交通費や利息等のお金をかけて準備をしていたかもしれないのである。

　この点について、93条１項本文によれば、「意思表示は、表意者がその真意ではないことを知ってしたときであっても、そのために効力を妨げられない。」とある。すなわち、真意ではない意思表示をした者（Ａ）が実際に表明した意思表示のとおりの契約が認められる。したがって、93条は、不用意に真意とは異なる意思表示をした者と、その意思表示を信じた相手方を比較して、後者の利益を保護すべきである、という考えに基づいた制度であるといえる。

　もっとも、93条１項にはただし書が付いており、「ただし、相手方がその意思表示が表意者の真意ではないことを知り、又は知ることができたときは、その意思表示は、無効とする。」とある。つまり、先の例で、「（その宝石を）10万円で売ろう」というＡの発言が冗談であるとＢが分かっていた場合や、ＡとＢの会話のやり取りの経緯から、Ａが冗談でいっただけで真意ではないということがＢに分かりそうなものだという状況であった場合には、「（その宝石を）10万円で売ろう」というＡの意思表示の通りにとらえてＢを保護する必要はない。そこで、このような場合は、93条１項ただし書により、Ａのいった内容の契約、すなわち、100万円相当の宝石を10万円でＢに売却するという契約は認められないことになる。

　なお、改正民法では、93条１項ただし書による意思表示の無効につき、善意の第三者には対抗できないとする規定が新設された（**93条２項**）。これは、つぎに説明する通謀虚偽表示を定めた94条２項と同様の趣旨の規定なので、詳細な説明は次項に譲る。

② 通謀虚偽表示

　通謀虚偽表示は、**民法94条**に規定されている制度で、ある者が別の者と打ち合わせをして虚偽の（嘘の）意思表示をした場合、当該意思表示は無効であり、初めからなかったことになる（**94条１項**）、というものである。

　たとえば、Ａが、その所有する土地（甲地とする）について、Ｂと口裏を合わせて、本当は売るつもりなどないにもかかわらず、甲地をＢに売却して所有権がＡからＢにあたかも移転したかのように装った場合、Ａ所有の甲地をＢに

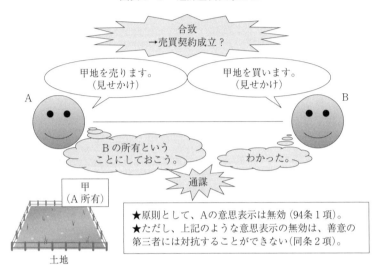

図表3−5　通謀虚偽表示とは

合致
→売買契約成立？

甲地を売ります。
（見せかけ）

甲地を買います。
（見せかけ）

A

B

Bの所有という
ことにしておこう。

わかった。

甲
（A所有）

通謀

★原則として、Aの意思表示は無効（94条１項）。
★ただし、上記のような意思表示の無効は、善意の
第三者には対抗することができない（同条２項）。

土地

売却するという意思表示は無効、すなわち、なかったことになる。通謀虚偽表示は、心裡留保と同様に、意思表示はあるが、それに対応する真意が存在しないという意味において、意思表示が不完全な場合である、と表現される。全く意思がない場合のみならず、実際は土地を賃貸しただけであるのに、売買があったかのように装う場合のように、何らかの意思表示はあるが、それに対応する意思がない場合も含まれる。なお、上記Aのような偽装は、課税を免れるため、その所有財産を少なくみせかけたいという場合に行われることが多い。

　上記のようなAの意思表示を無効と考えることは、AとBの間だけの話ならば、AもBもAの意思表示が真意でないことを承知の上で行っているので、特に問題は生じない。しかし、ここに第三者Cという登場人物が現れると話が複雑になる。たとえば、A、Bが口裏を合わせ、嘘の取引を行ったところ、事情を知らない第三者Cが、A・B間の嘘の取引によりBが所有者となった（ようにみえる）甲地を購入したいと考え、Bに対して、甲地を自分（C）に売却する気はないかともちかけたとする。Bはもちろん、甲地がB所有となっているのは見せかけであり、真の所有者はAであることを知っているが、Cが思いが

図表 3 - 6 錯誤とは

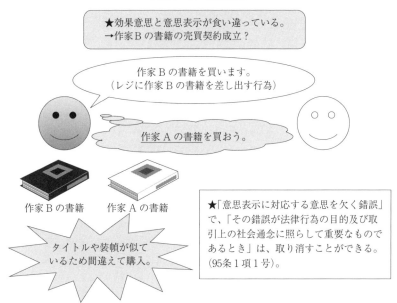

★効果意思と意思表示が食い違っている。
→作家Bの書籍の売買契約成立？

作家Bの書籍を買います。
（レジに作家Bの書籍を差し出す行為）

作家Aの書籍を買おう。

作家Bの書籍　　作家Aの書籍

タイトルや装幀が似て
いるため間違えて購入。

★「意思表示に対応する意思を欠く錯誤」
で、「その錯誤が法律行為の目的及び取
引上の社会通念に照らして重要なもので
あるとき」は、取り消すことができる。
（95条1項1号）。

けず高額の売却価格を提示してきたので、Cの提案に乗り、甲地をCに売却し
てしまったとしよう。ここで、先述のように、A・B間の嘘の取引は無効であ
るとすると、Bは、もともと甲地に関して何の権限ももっていないことになる
から、Cは、いくらBから甲地を買ったと主張しても、甲地の所有権を取得で
きないことになってしまう。

　このようなCを保護するための制度が、**94条2項**に規定されている。すなわ
ち、同条1項に書いてあるルールは、「**善意の第三者**」には適用されない、と
いうのである。「**善意**」とは、民法では、ある特定の事実を知らないことを指
す（これに対し、「**悪意**」とは、ある特定の事実を知っていることを指す）。先ほどの
例では、Cが、A・B間の嘘の取引を行い、甲地の所有権がBにあるかのよう
にみせかけているという事実を、Cが知らなければ、Cは善意の第三者である
といえる。そして、A・B間の取引が嘘であるという事実は、善意のCに「**対
抗できない**」、というのが94条2項の文言である。ここで「対抗」するという

のは、ある法律関係の効力を当事者以外の第三者に及ぼすことをいうが、便宜上、「主張」と言い換えて良い。つまり、Aは、A所有の甲地をBに売却するという意思表示は虚偽であって無効であるということを、善意のCに対しては主張することができなくなるのである。この結果、Aは、Cとの関係においては、甲地を本当にBに売却するという意思表示を行ったことになり、Cは甲地の所有者Bからさらに甲地を買い受けて、新たな所有者となることができる。

このように、94条2項は、A・B間に実際は取引がなかったのに、取引があったかのようにみせかけるというように、真実の権利者（もともとの所有者など）が取引や権利関係に関する虚偽の外観を作り出した場合、これを信頼して新たに取引に入った第三者を保護する制度といえる。このことを、94条2項は**権利外観法理**である、と表現する。

③ 錯　誤

錯誤とは、**民法95条**に規定されている制度で、契約などの法律行為に関して、当事者が何らかの勘違い（錯誤）に陥っていた場合、そのような勘違いが当該法律行為の目的および取引上の社会通念に照らして重要なものであるときは、当該法律行為を取り消すことができる。

たとえば、好きな作家Aの書籍を購入したかったのに、よく似たタイトルや装幀の作家Bの書籍を間違えて購入してしまった場合、「作家Aの書籍を買おう」という意思と、書店で「作家Bの書籍を買います」という意思表示（レジに作家Bの書籍を差し出す行為が意思表示に当たる）とは食い違っている。この場合、「作家Bの書籍を買います」という意思表示は取り消すことができる（**95条1項1号**）。このように、錯誤もまた、上述の心裡留保や通謀虚偽表示と同様に、意思表示に対応する意思が存在しない場合といえる。

もっとも、どんな勘違いや間違いでも95条の錯誤となるわけではない。95条1項は、「その錯誤が法律行為の目的及び取引上の社会通念に照らして重要なものであるとき」という条件をつけているし、**95条3項**は、「表意者の重大な過失によるものであった場合」には、同1号または2号の場合を除き、錯誤を理由とした意思表示の取消しをすることができないと規定している。つまり、勘違いや間違いが重要な間違いではない場合や、間違った意思表示をした者に

重大な落ち度（これを、民法では**重過失**と呼ぶ）がある場合は、もはや錯誤を主張して意思表示を取り消すことはできない。このように、民法の錯誤の制度は、誤った意思表示をした者を保護する一方で、何の落ち度もなく、当該取引が有効なものであると信じている取引の相手方の利益を犠牲にしてしまう。したがって、勘違いや間違いを引き起こした本人を保護するためには、それなりの理由が必要であり、本人の重大な落ち度によって勘違いや間違いを引き起こした場合には、取引の相手方の利益を犠牲にしてまで保護する必要はないと考えられるのである。

　95条の錯誤と評価される場面として、もう1つ、**「法律行為の基礎とした事情」における錯誤**（以下、「基礎事情の錯誤」と呼ぶ）の場合がある。

　たとえば、Aは、街の中心部から外れた不便な土地（乙地とする）の近くに将来鉄道が開通するという情報を聞きつけ、土地価格が上昇すると考えたため、Bから乙地を購入したが、その後、鉄道路線の計画が変更され、乙地の近くを通らないことになり、乙地の値上がりの可能性もなくなってしまった、という場合を考えてみよう。この場合、Aの「乙地を買おう」という意思と、AのBに対する「乙地を買います」という意思表示との間には、不一致はない。しかし、Aが「乙地を買おう」と思い至った動機に当たる、「将来鉄道が開通するから、今のうちに安く購入して、価格が高騰した時に売却（転売）して利益を得たい」という部分に間違いまたは勘違いがある。

　1(1)①で述べたように、民法学では、意思表示の形成過程について、まず動機があり、これに導かれて効果意思（単に「意思」という表現が用いられることも多い）がつくられ、表示意思をもって表示行為を行うことにより、意思表示が形成されると考えられている。そして、伝統的に、95条の錯誤は、意思と意思表示が食い違う場合に当該意思表示は無効となるという制度であると理解されてきた（改正前、錯誤の効果は無効であった）。したがって、意思がつくられる前段階としての動機は、本来、95条の錯誤の成立には無関係であり、動機に錯誤があったとしても、意思表示は無効にならないはずである。

　しかし、学説・判例は、ある一定の場合には、動機に錯誤がある場合も95条の錯誤に当たると考えてきた。とくに、判例は、動機についての錯誤は、原則

図表 3-7　基礎事情の錯誤とは

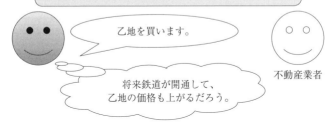

★効果意思と意思表示との間に食い違いはないが、動機（法律行為の基礎とした事情）が事実と食い違っている。

乙地を買います。

不動産業者

将来鉄道が開通して、乙地の価格も上がるだろう。

※しかし、鉄道開通の計画がなくなってしまった。

★ある意思表示が、「表意者が法律行為の基礎とした事情についてのその認識が真実に反する錯誤」で、その錯誤が「法律行為の目的及び取引上の社会通念に照らして重要なもの」であり（95条1項2号）、「その事情が法律行為の基礎とされていることが表示されていたとき」（同条2項）は、取り消すことができる。

として95条の錯誤には当たらないが、例外的に、動機が黙示的または明示的に表示されて、しかもその錯誤が取引の重要部分（要素）に関するものであるならば、95条の錯誤と認められる、と解していた。以上の判例法理を明文化したのが、2017年の改正民法における基礎事情の錯誤であり、具体的には、**95条1項2号および95条2項**が新設された。この2つの規定によると、意思表示の「表意者が法律行為の基礎とした事情についてのその認識が真実に反する錯誤」は取り消すことができるが（95条1項2号）、ここでいう「事情」は、「法律行為の基礎とされていることが表示されていた」のでなければ取り消すことができないことになる（95条2項）。

　なお、2017年の改正民法では、錯誤を理由とする意思表示の取消しは、善意無過失の第三者に対抗できないとする規定が新設された（**95条4項**）。これは、つぎに説明する96条3項と同様の趣旨の規定なので、詳細な説明は次項に譲る。

図表3-8　詐欺とは

★意思と意思表示との間に不一致はないが、意思の形成過程に瑕疵がある。
→絵画について売買契約が成立？

これはピカソの絵です。

売主

その絵を買います。

買主

その絵を買おう。

※実際は、精巧にできた模写。

★「詐欺又は強迫による意思表示」は、取り消すことができる（96条1項）。

④ 詐欺・強迫

　詐欺・強迫とは、96条に規定されている制度で、詐欺や強迫によってなされた意思表示は、取り消すことができるとされる。ここでいう「詐欺」「強迫」の意味は、日常用語で使われるのとほぼ同じである（ただし、民法では「脅迫」ではなく、「強迫」と表現する）。

　たとえば、AがBに対して、精巧な模写の絵画を、ピカソの絵であるとだまして売りつけた場合、だまされて購入したBは、**96条1項**により、「この絵画を買います」という意思表示を取り消すことができる。また、CがDに対して、「D所有の土地を破格の値段でCに売却しろ、さもなければ家族に危害を加えるぞ」と脅して、Dがこれに応じてCに土地を売却した場合、Dは、やはり96条1項により、「自分の土地をCに売ります」という意思表示を取り消すことができる。ここで、Bの「この絵画を買おう」という意思と「この絵画を買います」という意思表示、および、Dの「自分の土地をCに売ろう」という意思と、「自分の土地をCに売ります」という意思表示、それぞれについて、どちらの場合にも不一致はみられない。しかし、そもそもそのような意思を形成する過程自体に、だましたり脅したりするという不当な介入があり、意思表

示をした者自身の合理的な意思に基づいた意思の形成ではない。このように、詐欺・強迫は、①〜③（動機の錯誤は除く）の他の制度のように、意思と意思表示との間に不一致がある場合とは異なり、意思の形成に何らかの欠陥（法律では、欠陥のことを瑕疵と呼ぶ）があった場合である。

　96条2項は、たとえば、A・B間の取引に実は第三者Cが関わっており、このCによる詐欺的な言動によりAがBと取引をしてしまったという場合、第三者Cが詐欺を行ったという事実を、Bが知っている場合、もしくは、知らなかったとしても知ることができたはずだと評価できる場合に限り、AはBとの取引を取り消すことができる、という内容を規定している。

　96条3項は、詐欺による意思表示の取消しは「善意でかつ過失がない第三者に対抗することができない」としている。これは、通謀虚偽表示に関する94条2項とよく似ている。詐欺による取引を行ったAとB、または、AとBの他に詐欺的行為を働いた第三者Cがいるだけならば、詐欺を理由に当該取引を取り消すと主張する相手は、詐欺を働いた本人、もしくは、少なくとも詐欺の事実を知りながらこれを放置して取引を行った者であるから、取消しを主張したとしても問題はない。しかし、ここにさらに第三者Dが現れて、詐欺によるA・B間の取引を前提に、新たに取引に入った場合はどうなるだろうか。たとえば、Aが、Bに対して、B所有のピカソの絵について、「これはよくできた模写だから、何の価値もない。だが絵自体が気に入ったので、自分に売却しないか」といって、3000円でB所有のピカソの絵を買い受け、さらに、それを第三者Dに転売したところ、Bが、後で、実はAの話が嘘で、Aに売ってしまった絵は正真正銘本物のピカソの絵であったことを知ったという場合を考えてみよう。Aにだまされたbは、A・B間の取引をなかったことにして絵画を取り戻したいと考えるだろう。しかし、Dは、A・B間の事情（詐欺による売却）を知らず、単純にAから「ピカソの絵を買わないか」といわれてこれに応じたにすぎない善意の第三者であり、しかもA・B間の事情を知らなかったことについて、Dにとくに落ち度（**過失**）はないとする。この場合、もはやBはA・B間の取引の取消しをDに主張することができない。Bはかわいそうではあるが、それよりも、何も知らず、落ち度もなく、以前から欲しいと思っていたピカソ

の絵を手に入れただけのＤから絵画を取り上げることの方がより酷である、と民法は考えているのである。

⑤ 無効、取消しの効果

上記①〜④の制度は、その効果として、意思表示を「無効」とするとか、「取り消す」ことができるとしている。無効、取消しという言葉は、日常用語として聞く機会もあるだろうが、法律上はどんな意味があるのか、ここで改めて民法の規定を参照しながら確認しよう。

まず、**無効**とは、実際には行われた意思表示や法律行為を、法律的にはもともとなかったものとして扱うということである。法律行為に基づき発生した権利（債権）や義務（債務）も、もともとなかったことになる。

これに対して、**取消し**については、**121条**に規定があり、「取り消された行為は、初めから無効であったものとみなす」とされる。これは、いちどは有効に成立した意思表示や法律行為の効力を、取消しの意思表示により、後から遡って、はじめからなかったものとして扱うということである。後から遡ってはじめからなかったものとする効果のことを、**遡及的無効**（そきゅうてきむこう）と呼ぶ。つまり、意思表示や法律行為は、取り消されるまでは有効に成立し、当該法律行為から生じた権利（債権）や義務（債務）も有効であるが、取り消された時点から、遡及的に無効となる。

ところで、法律行為が無効であったり、取り消されたりすると、すでに渡された物や代金はどうなるのだろうか。民法では、物や代金などを与えることを、**給付**と呼ぶが、この給付をされた当事者について、**民法121条の2**が規定している。すなわち、無効な行為に基づいて何らかの給付を受けた者は、その給付を与えた者、すなわち相手方を「原状に復させる義務を負う」。ここで「原状に復させる」とは、元に戻すという意味である。したがって、無効な行為に基づいて何らかの給付を受けた者は、その相手方を元に戻すというのだから、受け取った給付物を相手方に返さなくてはいけないことになる。契約が有効であるからこそ、物や代金の給付が認められるのであって、その契約がそもそもはじめから無効であったなら、これらを給付される理由がなくなってしまう。そこで、民法は、無効の効果として、上記のような**原状回復義務**を定めて

いるのである。

(3) 法律行為が有効となるための要件

　これまで、93条から96条に規定された制度により、法律行為が無効とされ、または、取り消されうる制度をみてきた。しかし、このほかにも、ある法律行為が有効といえるために必要な要件がある。たとえば、意思能力や行為能力（**2**章参照）など、法律行為の当事者に関わる要件や、契約自由（**1**章参照）に対する制限となりうる要件である。

　#### ① 法律行為の当事者に関わる一般要件

　まず、法律行為をする当事者に関して必要な要件が存在する。当事者が**自然人**の場合、**意思能力**が備わっていることが求められる。意思能力がなければ、その自然人の意思表示は無効となる。また、**行為能力**が制限されていると、意思表示は取り消されうる。なお、自然人だけでなく、**法人**（**2**章参照）も法律行為をする当事者になりうるが、法人の場合は、権利能力の他、法人のために行為する人（たとえば、代表取締役など）に、その法人を代表する権限があること、つまり代表権もしくは代理権があることも必要となる。

　なお、上記(2)で述べた93条から96条の制度のように、意思表示が何らかの理由で不完全の場合も、意思表示が無効になったり、取り消されたりする原因となりうる。このような意味において、意思表示が不完全でないということも、法律行為を行う当事者に関わる要件といえよう。

　#### ② 強行規定に違反しないこと

　民法91条によると、「法令中の公の秩序に関しない規定と異なる」意思表示をすることは許される、とある。これはつまり、「法令中の公の秩序」に関する規定に反する意思表示は許されないということである。「法令中の公の秩序」に関する規定のことを**強行規定**（強行法規）と呼び、「法令中の公の秩序」に関しない規定のことを**任意規定**（任意法規）と呼ぶ。91条は、強行規定と異なる内容の意思表示は許されないが、任意規定と異なる内容の意思表示は許されるということを規定している。

　強行規定と任意規定の区別について、条文の文言から判別できる場合には、

それに従う。たとえば、民法417条は、「損害賠償は、別段の意思表示がないときは、金銭をもってその額を定める。」としているが、「別段の意思表示がないとき」とは、当事者が417条の規定とは異なる内容を取り決めていたときという意味であり、このときには、417条の規定ではなく当事者間の取り決めの方が優先されることになる。このように、条文の内容とは異なる当事者の意思の方を尊重するという趣旨の文言がある場合は、任意規定である。これに対して、「……することができない」、「無効とする」など、ある規定に反する内容の法律行為について、その効力を認めない旨の文言がある場合は、強行規定である。具体的には、146条、175条等がこれに当たる。

　強行規定か任意規定か、条文に明示されていない場合には、それぞれの規定の趣旨から判断するしかない。一般的な傾向としては、上記①で述べたように、意思表示や行為能力など、民法の総則に関する規定の多くは、法律行為（契約）の大前提となるルールを規定しているため、強行法規が多いとされる。また、民法の後半部分、第4編「親族」および第5編「相続」も、基本的な社会秩序に関するものであるため、強行規定が多いとされる。

③ 公序良俗に違反しないこと

　民法90条は、「公の秩序又は善良の風俗に反する法律行為は、無効とする。」と規定している。「公の秩序又は善良の風俗」のことを公序良俗と呼ぶ。この短い条文からは、具体的に何が公序良俗に反するか、明らかではない。このように、条文の内容が一般的・包括的で、解釈の余地が大きい規定のことを、一般条項と呼ぶ。民法の中で代表的な一般条項は、90条の他に、1条2項の信義則、同3項の権利濫用に関する規定が挙げられる。

　一般条項は、解釈によって柔軟に適用できるが、他方で、適用のための明確な基準がないために、裁判官の主観に左右され、公平性の観点から問題も多い。しかし、今日では裁判例の蓄積により、ある程度の類型化や基準の明確化が図られている。たとえば、密輸や贈収賄などの犯罪に関わる法律行為や、不倫関係を続ける契約や売春など、婚姻秩序・性道徳に反する法律行為、人身売買など、自由を極度に制限する法律行為は、民法90条がいうところの公序良俗に反し、それゆえに無効であるとされている。

2 代 理

(1) 代理とは

① 代理の意義・機能・種類

代理とは、**代理人**が**本人**のためにすることを示して意思表示を行い、その効力が本人に生ずる（効果が本人に帰属する）ことをいう（99条）。たとえば、Aが自己の土地を売却するためBを代理人に選任し、BがAの代理人としてCと交渉し、その結果、Cとの間で契約が締結されたとき、その効果はAに帰属する（A・C間で売買契約が成立する）。このとき、本人（A）と代理人（B）の間を**代理権授与**、代理人（B）と相手方（C）の間を**代理行為**、本人（A）と相手方（C）の間を**効果帰属**の関係という。

代理はまず、未成年の子に代わって親が契約をする場合のように、取引をするのに十分な能力のない者（制限行為能力者など）を取引の世界に参加させるという機能がある。未成年の子が所有する不動産の管理や処分などは親が代わりにしてやらなければならない。この場合の代理人と代理権の範囲は法律で決まっているので、この代理を**法定代理**（2章および13章も参照）という。

つぎに、本人が多忙である、あるいは専門知識がないという理由で本人の代わりに契約してもらう場合のように、本人がある者に依頼してある行為をしてもらう代理を**任意代理**という。この代理権は、通常、委任契約（643条）から生ずる（委任とは、委任者が受任者にある事務処理を委託し、受任者は委任者から与えられた代理権に基づき事務処理をする契約である）。これによって本人は、自己の活動や取引を拡大することができる。

また、会社その他の団体（法人）が実際に活動するためには、団体の代わりに団体を代表して行為をする個人（理事・取締役など）が必要であるが、団体の活動が代表者によって行われることを**代表**といい、これも代理の一種である。

② 代理権と代理行為

代理人の行為の効果が本人に帰属するためには、代理人が本人からある行為をする権限すなわち**代理権**が与えられていることが必要である。代理権がない

者が代理行為をしても、そ
の効果は本人には帰属しな
い（これを無権代理という）。

　代理権の内容と範囲は、
法定代理は法律の規定によ
り、任意代理は代理権発生
の原因となる契約（委任な
ど）によって定められる。
代理人の権限が定められて
いない場合は、保存行為

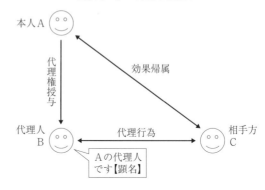

図表3-9　代理の仕組み

本人A

代理権授与

効果帰属

代理人B

代理行為

Aの代理人です【顕名】

相手方C

（現状を維持する行為）などをする権限のみを有する（103条）。

　代理人は**本人のためにすることを示して**代理行為をしなければならない（99条）。これを**顕名**という（たとえば「A代理人B」「株式会社P代表取締役Q」というように）。代理人が顕名をしないで自己の名前で行為をした場合、その効果は代理人自身に帰属することになるが、相手方が、代理人が本人のためにすることを知っていたか、知ることができた場合は本人に効果が生ずる（100条）。

　代理人は、未成年者や被保佐人のような制限行為能力者であってもよく、**制限行為能力者がした代理行為を取り消すことはできない**（102条）。代理人の行為の効果は本人に帰属し、代理人は責任を負わず、不利益を受けることがないからである。ただし、未成年者などの制限行為能力者の法定代理人が制限行為能力者（被保佐人など）であった場合は、本人である制限行為能力者が不利益を受けるおそれがあるから、取り消すことができる（102条ただし書）。

⑵ 表見代理

① 意　義

　表見代理とは、代理権がないにもかかわらず、代理人らしい外観をした者がした一定の行為について、本人が責任を負わなければならないことをいう。

　代理権がないので無権代理の一種であるが、本人が責任を負う点で狭義の無権代理と区別される。なぜ代理権がないのに本人に効果が帰属するかといえ

ば、第1に代理人らしい外観を相手方が信頼したことを保護する必要があること、第2にそのような外観が作出されたことに本人にも責任があること（帰責性）に求められる。以下、民法が定める3種類の表見代理について説明する。

② 表見代理の種類

第三者（相手方）に対して他人に代理権を与えた旨を表示した者は、その他人が第三者とした行為について責任を負う。これを**代理権授与表示による表見代理**という（109条1項）。たとえば、AがBにAの名前で商売することを認めている場合（名義貸しまたは名板貸しという）や、A社の従業員Bが実際には権限を有しないのにその権限を有する役職者の肩書を使用することをAが認めている場合、Bが相手方Cに対してした行為についてAは責任を負わなければならない。これらの場合、AはBに代理権を与えていないが、名義ないし肩書の使用を認めることにより相手方Cに代理権を与えた旨の表示をしており、そこに帰責性があるからである。CがBに代理権のないことを知り、または過失により知らなかったときは、Aは責任を負わない（109条1項ただし書）。

つぎに何らかの代理権はあるが、その代理権の範囲を超えて代理人が代理行為をした場合で、これを**権限外の行為の表見代理**という（110条）。たとえば、Aから不動産を賃貸する権限を与えられたBが、Cにこの

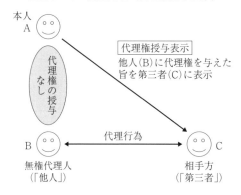

図表3-10　表見代理（代理権授与表示）

本人
A

代理権の授与なし

代理権授与表示
他人（B）に代理権を与えた旨を第三者（C）に表示

代理行為

B
無権代理人
（「他人」）

C
相手方
（「第三者」）

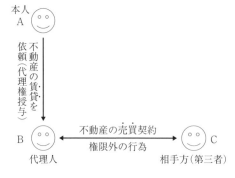

図表3-11　表見代理（権限外の行為）

本人
A

依頼（代理権授与）
不動産の賃貸を

不動産の売買契約
権限外の行為

B
代理人

C
相手方（第三者）

不動産を売却した場合である。賃貸についてはＢの代理権の範囲内の行為であるが、売却については権限外の行為である。しかし、不動産の売却がＢの代理権の範囲内の行為であるとＣが信ずる正当な理由があれば、本人ＡにＢ・Ｃ間で行われた売買契約の効果が及ぶ。この相手方の正当理由は基本的に善意無過失と同じと考えてよいが、具体的事案に応じて判断すべきである。たとえば、Ｂが印鑑証明書や登記関係書類等を提示するようなことは正当理由の存在を肯定する要素となるが、Ｂの代理権が疑われるような場合、Ａに対し代理権の有無につき確認すべきところ、Ｃがこれを怠ったようなときは正当理由の存在が否定される。

　最後に代理権が消滅したにもかかわらず代理行為がなされ、相手方が代理権の消滅について善意無過失であった場合、本人は責任を負わなければならない。これを**代理権消滅後の表見代理**という（112条）。たとえば、ＡがＢを代理人としてＣと契約交渉させていたが、その後ＡがＢを解任したにもかかわらず、解任の事実を知らずにＣがＢと契約を結んだような場合である。

(3) 無権代理

① 意 義

　無権代理とは、代理権を有しない者（**無権代理人**という）が他人の代理人として代理行為をすることで、本人が追認しない限り、本人に効力は生じないが（113条1項）、本人が追認すれば契約時に遡って効力が生ずる（116条）。

　本人が追認しない間は、相手方は本人に対し追認するかどうかの確答の催告をすることができ、確答がなければ追認を拒絶したものとみなされる（114条）。また、本人が追認しない間は、相手方は無権代理によって締結された契約を取り消すことができる（115条）。

② 無権代理人の責任

　無権代理によってなされた行為は追認のない限り、本人に効果が帰属しないので、無権代理人が責任を負わなければならず、相手方は無権代理人に対して履行または損害賠償を選択して責任を追及することができる（117条1項）。

　履行責任とは、無権代理人が相手方とした契約の内容を無権代理人自身が履

行する責任を負うことであり、たとえば甲商品を100個納入するというのが契約の内容であれば、無権代理人自身が100個調達して納入しなければならない（もちろん相手方は商品の納入の代わりに損害賠償（金銭賠償）を選択して請求することも可能である）。もっとも契約の内容が不動産のような特定物（7章参照）の引渡しである場合は、無権代理人が履行することは事実上不可能なので、損害賠償責任を追及するしかない。

なお、相手方が無権代理であることを知っていた場合、過失によって知らなかった場合および無権代理人が制限行為能力者であった場合は、相手方は無権代理人の責任を追及できない（117条2項）。ただし、無権代理人が無権代理であることを知っていた場合は、相手方は過失があっても責任を追及できる（117条2項2号ただし書）。

③ 無権代理と相続

親の不動産をその子が勝手に親の代理人と称して他人に売却した場合、本人が追認しない限り、代理の効果は本人に帰属しない（113条）。ところが、本人が追認も追認拒絶もしないまま死亡し、子である**無権代理人が単独で本人の地位を相続した場合**はどうであろうか（なお、無権代理人以外に相続人がいる共同相続の場合もあるが、少し複雑になるので無権代理人以外に相続人がいない単独相続の場合を考える）。無権代理人は本人の地位を相続により承継したのであるから、本人の立場で（自分がした）無権代理人の行為の追認を拒絶できるようにも思える。しかし、それは信義に反するので追認を拒絶することはできず、売主としての義務を履行しなければならない（判例）。

反対に、親が自分の成人の子の不動産を勝手に代理人と称して他人に売却し、その後、親である無権代理人が死亡して、本人が相続した場合はどうであろうか。このケー

図表 3 - 12　無権代理

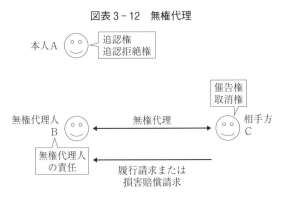

本人A　追認権　追認拒絶権

無権代理人 B　無権代理　相手方 C　催告権　取消権

無権代理人の責任　履行請求または損害賠償請求

スのように**無権代理人の地位を本人が相続する場合**、本人が追認を拒絶するのは信義に反しないといえよう。したがって、本人として売主の義務を履行する必要はない。しかし、他方で無権代理人の地位を相続したのであるから、結局、無権代理人としての責任すなわち履行責任または損害賠償責任を負わなければならないことになるが（117条）、この場合、本人は相手方の悪意または過失を証明して責任を免れることができる。

(4) 利益相反行為と代理権の濫用

① 自己契約・双方代理・利益相反行為

代理人みずからが契約当事者になることを**自己契約**、同一人が契約当事者の双方の代理人となることを**双方代理**といい、いずれもその行為は無権代理とみなされ、本人に効果が帰属しない（108条1項）。たとえば、AがBを代理人として自己の不動産の売却を委任したとする。Bは誰か買主を探してきて売買契約を結ぶことになるが、この場合、B自身が買主になってもAに効果は帰属しない。Aはできるだけ高く売り、Bはできるだけ安く買いたいのが当然である以上、本人の利益のために行動すべき義務を負う代理人が買主になること（自己契約）は、本人の利益と相反する行為であるからである。

双方代理（売主と買主双方の代理人になることなど）についても、代理人が当事者の一方の利益のために行動することは、他方の不利益になり、結局、利益が相反するから本人に効果が帰属しない。自己契約や双方代理であっても、本人があらかじめ許諾しているときや、不動産の売買契約に基づく移転登記手続のように債務の履行として行われるときは有効な代理となる（108条1項ただし書）。

自己契約や双方代理とはいえない場合でも、実質的に本人と代理人の利益が相反する場合がある。たとえば、不動産の売却を委任された代理人が自分の妻に買わせるようなことは自己契約には当たらないが、代理人とその妻は一体のものと考えることができるから、本人の利益と相反するといってよい。民法はこのような実質的な**利益相反行為**についても、代理の効果は本人に帰属しないとしている（108条2項）。こうした点から考えると、自己契約や双方代理も利

益相反行為の一例として位置づけることができる。

② 代理権の濫用

代理権の濫用とは、代理権はあるが、代理人自身または第三者の利益を図る目的で代理行為をすることをいう（107条）。たとえば、Aデパートから仕入れを委託されたBが取引先Cから商品を仕入れたが、Bは商品をAに納めずにDに横流しをして、その代金を着服したようなケースがそうである。この場合、Bには代理権があるので原則として代理は有効で、その効果は本人Aに帰属する。よって、CはAに商品の代金を請求することができる。しかし、CがBの濫用の目的を知り、または知ることができた場合は、Cを保護する必要はないので無権代理となる（Aは追認を拒絶してCの代金請求を拒める）。

3　時　効

(1) 時効とは

① 時効の意義・種類・存在理由

時効とは時の経過を要件として、ある権利を取得し、または権利が消滅する制度である。時効には、ある者が一定の期間、他人の物の占有を継続することにより、その所有権等の権利を取得する**取得時効**と、ある権利を有する者が一定の期間、権利行使をしないことにより、その権利を失う**消滅時効**がある。

なぜ時効という制度が存在しているのであろうか。第1に**現在の事実状態を保護することにより永続した社会秩序を維持する**ことが挙げられる。たとえば、ある者が他人の土地を長年占有・使用しており、それを前提として生活関係が形成されているとする。その者は土地を占有・使用する権限はないが、長年の占有の継続は保護に値するものであるので、そうした者に対しては真の権利を与えて保護してもよいからである。

第2に**証明困難の救済**という観点からも時効という制度が必要である。たとえば、債務者が債務（借金など）を弁済したにもかかわらず、その証拠（領収書など）を紛失してしまった場合を考えてみよう。弁済の証拠がないと、弁済をした債務者（借主など）が（弁済の事実を証明できないので）二重払いを債権者

（貸主など）から強いられる危険がある。時効は、弁済したか否かにかかわらず一定期間の経過をもって弁済したものとみなして債務を消滅させ、弁済はしたがその証明ができない債務者を救済するという機能を有している。

第3に権利の上に眠る者は保護されないということである。すなわち権利を有していても長年にわたって行使しないでいると権利を失ってしまう、という権利者に対する制裁としての意味が時効制度にある。

② 時効制度の改正

時効制度は民法典が制定されて以来、基本的に大きな変更なく存続してきた。しかし、今日の国際化・情報化が進んだ社会に民法典の規定がそぐわない部分が生じてきたことは時効においても同じであり、2017年の民法改正では消滅時効を中心として大きな変更がなされた。

時効に関する改正の主な部分は、債権の消滅時効期間に関し、債権者の主観的起算点を導入し、かつその期間を5年とした（同時に商事消滅時効を廃止した）こと、職業別の短期消滅時効を廃止したこと、時効の中断・停止に関し新たな用語・概念（時効の完成猶予・更新）で再構成したことなどである。

③ 時効の完成と援用

取得時効または消滅時効の要件が具備されても（時効の完成という）、それだけでは権利の取得または消滅という効果は発生しない。時効の完成に加えて当事者が時効の援用をしなければ時効の効果は発生しない（145条）。援用とは、当事者が時効の利益を受ける意思を表明することをいう。時効が完成しても、時効の利益を受けたくない当事者の意思を尊重するためである。したがって、時効完成後に当事者が時効の利益を放棄することは可能である（146条参照）。

④ 時効の起算点と期間の計算（付－条件と期限）

時効の進行が開始する時すなわち時効期間を計算する際の始期を時効の起算点という。時効期間の計算は、民法138条以下の「期間の計算」の章の規定に従って行う（民法以外の法令においても、特別の定めがない限り、民法の期間計算に関する規定が適用される）。

期間の初日は期間計算において含まず、その翌日から起算する（140条）。これを初日不算入の原則という。なぜなら、期間の初日は通常、完全な1日（24

時間）ではないからである（したがって、初日が午前零時から始まる場合は例外的に初日も含めて計算する）。ただし、年齢の計算についてはこの例外で、初日（すなわち誕生日）も含めて計算する（年齢計算に関する法律）。

　なお、時効に固有の問題ではないが、「時」に関する問題として条件と期限について、ここで述べておく。

　条件とは、法律行為の効果の発生または消滅を将来の不確実な事実にかからせる特約であり、その発生（条件の成就という）によって法律行為の効力が生ずる**停止条件**（127条1項）と、条件成就により法律行為の効力を失わせる**解除条件**（127条2項）がある。

　停止条件の例としては、プロ野球の○○チームが優勝することを条件とする自動車の売買契約が挙げられ、そのチームが優勝すれば（停止条件が成就すれば）、契約の効力が生ずるので、売主は自動車を引き渡し、買主は代金を支払わなければならない。解除条件の例としては、ある会社に就職する際の条件として、就職後、一定期間内にある資格を取得することが義務づけられていた場合が挙げられる。この場合、資格を取得できなければ雇用契約の効力が失われ、従業員としての身分を失うことになる（「一定期間内に資格を取得できないこと」が解除条件である）。

　期限とは、法律行為の効果の発生または消滅を将来確実に発生する事実にかからせる特約であり、法律行為に始期がついている場合は、期限が到来するまでは履行を請求できず（135条1項）、終期がついている場合は、期限が到来すれば、法律行為の効力が消滅する（135条2項）。また、その到来時が確定している確定期限と、いつかはわからないが、将来、確実に到来する不確定期限がある（412条1項、2項参照）。

　始期付契約の例として、大学生（卒業予定者）に対する企業からの採用内定を挙げることができる。すなわち、内定により雇用契約（労働契約）は成立するが、その効力が生ずるのは期限が到来した時、一般的には4月1日からであり、この日から従業員としての身分を取得する。

⑵ 取得時効

① 意　義

　取得時効とは、一定期間、他人の物の占有を継続することにより、所有権その他の権利を取得することをいう。ここでは所有権の取得時効を説明する。

② 所有権の取得時効の要件

　所有権を時効によって取得するためには、20年間（占有開始時に善意無過失であったときは10年間）、所有の意思をもって平穏かつ公然と他人の物を占有することが必要である（162条1項、2項）。「所有の意思」をもって占有すること（自主占有という）が要件であるから、土地や建物の賃借人が20年間、その土地・建物に居住していたとしても、所有の意思がないから所有権を取得することはできない（所有の意思がない占有を他主占有という）。所有の意思があるかどうかは客観的に判断されるべきものであるので、賃借人が内心で自分は所有者だと思っていても所有の意思があるとはみなされない。賃貸借契約に基づいて占有をする場合、他人に所有権があることを前提として占有するので、当然に他主占有者とみなされるのである。自主占有者の例として売買契約に基づき購入物を占有する買主が挙げられる。買主は売買契約によってある物の所有権を取得するのであるから、通常は取得時効が問題となることはない。しかし、売買契約が何らかの理由で無効となり、買主が所有権を取得できなかった場合でも、そのまま占有を継続すれば時効により所有権を取得できる。

　所有権の時効取得に必要な占有期間は一般には**20年**である（162条1項）。**占有開始時に占有者が善意無過失であった場合は10年**という短い期間で所有権を時効取得できる（162条2項）。占有の開始時に善意無過失であればよいので、その後、他人の物であることを知った場合でもよい。

③ 所有権の取得時効の効果

　取得時効の要件を具備し、時効が完成し、当事者（占有者）が時効の援用をすれば、所有権を取得する。時効の効果は起算日（占有開始時）に遡って生ずるので（144条）、時効期間中に生じた果実や使用利益は時効取得者に帰属する。時効による所有権の取得はいわゆる**原始取得**（5章参照）であり、目的物についていた第三者の権利（地上権や抵当権など）は消滅する（他人の土地を時効

取得した場合、その土地についていた抵当権は消滅する。397条参照）。

(3) 消滅時効

① 意　義

　消滅時効とは、権利者が一定期間、権利を行使しない場合、その権利が消滅することをいう。財産権であれば基本的に消滅時効の対象となるが、**所有権は消滅時効の対象とならない**（166条2項参照）。消滅時効の対象となる権利で最も重要なのは債権である。ここでは債権の消滅時効を中心に述べる。

② 債権の消滅時効の起算点と時効期間

　通常の債権（貸したお金の返還を求める債権、売った商品の代金の支払を求める債権など）は、**権利行使ができることを知った時から5年間または権利行使ができる時から10年間、権利を行使しない場合に消滅する**（166条1項）。

　このように債権の消滅時効の起算点には2種類あり、これに対応して2つの時効期間が定められているが、いずれかのうち早く到来した時点で債権は消滅する。通常、債権者は自分の債権がいつから権利行使が可能になるか（いつ期限が到来するか）を知っているはずだから、ほとんどの債権は5年で時効により消滅するだろう。なお、「権利行使ができる時」とは、権利行使が法的に可能であるということを意味し、権利行使ができることを知らない場合や事実上できないという場合（たとえば病気などで債権の回収ができないという事情がある場合）でも時効は進行する。

　所有権または債権以外の財産権（地上権や抵当権など）は、権利行使ができる時から20年間行使しないときに消滅する（166条2項）。また、債権でも、不法行為に基づく損害賠償請求権の消滅時効については民法724条で独自の起算点と時効期間が定められている（12章参照）。

③ 生命・身体の侵害による損害賠償請求権の時効期間

　通常の債権は5年または10年で時効により消滅するが、生命・身体が侵害されたときの損害賠償請求権については、長期の時効期間につき10年ではなく、20年という長い期間が定められている（167条）。

⑷ 時効の完成猶予・更新

　時効の完成により、取得時効においては時効取得者が他人の物の所有権を取得すると同時にその他人の所有権が消滅し、消滅時効においては債権が失われることになるので、所有者または債権者には時効完成を阻止する手段が与えられていなければならない。これが時効の完成猶予および時効の更新である。

　時効の完成猶予とは、時効の完成前に一定の事由が生じたときに時効の完成が一時的にストップすることをいう。すなわち時効完成の前に、訴えを提起するなど裁判上の請求をしたり、強制執行をしたり、あるいは裁判外で請求（催告という）したりした場合、時効の進行が一定期間、ストップし、時効完成が実質的に延長される（すなわち時効完成が猶予される）ことである（147条～151条、158条～161条）。たとえば、時効完成の1カ月前に貸主が借主に対して貸した金銭の返還を求めて裁判所に訴えを提起すれば、裁判が終了するまでは時効は完成しない（147条1項）。

　そして、この事例で貸主が裁判に勝って、判決が確定すれば、今まで進行してきた時効期間はすべてリセットされて、時効は確定判決の時（正確にはその翌日）から再び新たに進行する（147条2項）。これを**時効の更新**という。

4章 物　権（1）
物権の意義と種類・所有権の内容

1　物権と債権の違い

　民法に基づく法秩序は、権利を中心として構成されている。すなわち、人々の法律関係は、基本的には、「Aさんは○○という権利を有している（だから△△ができる）」という形で設定される。財産法分野の法律関係は、物権と債権に基づいて構成される。以下において、物権と債権の違いを説明しておこう。

(1) 権利の内容

　物権は、物を直接的に支配する権利である。「支配」とは、「自分の思い通りにする」という意味の言葉である。たとえば、所有者は、所有物を自由に使用・収益・処分することができる（206条）。自分の六法を書き込みだらけにしてもいいし、お金を取って人に貸してもいいし、売ってもいい。自分の思い通りにする（＝支配する）ことができる。

　「直接的に」とは、「他人の行為に基づかず、自分の意思だけで」支配を実現できる、という意味である。たとえば、友人から本を借りて読む場合を考えてみよう。この場合、私は、友人が「本を貸す」という行為をしているから（すなわち、本を私に渡し、その後、貸したままにしてくれているから）、本を読むことができる。本を読もうとする私の意思は、友人の行為に基づいて実現されている。私の意思だけで本を読む（＝支配を実現する）ことはできないから、本に対する私の支配は、直接的なものではない。これに対し、自分の本を読む場合には、自分の意思だけで本を読むことができる。以上のように、「直接的に」支配するとは、人と物との物理的な接触状態（本を「直接手に取って」読む）をいっているのではなく、物を使用する際の法律上の仕組みのことを指している。

　債権は、他人に行為を請求する権利である。たとえば、店でパソコンを買っ

図表 4 - 1　物権と債権

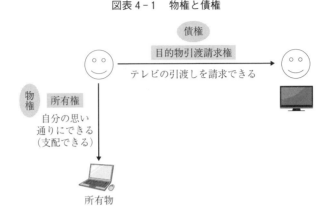

た場合、買主は、店に対して、パソコンを引き渡すよう請求する権利を取得する（目的物引渡債権。目的物引渡請求権とも呼ぶ）。店がパソコンを渡さない場合には、買主は裁判所に訴えてパソコンの引渡しを強制することができる。

(2) 排 他 性

　排他性とは、他を排除する性質のことである。日常ではあまり良い意味では使われていない。たとえば、「排他的な集団」とは、仲間内で固まって「他の人を排除する」閉鎖的な集団という意味である。**物権は、排他的な権利である**。これに対し、**債権は、排他的な権利ではない**。権利が「排他的」であるとは、どういうことなのだろうか。上記のように、排他的な集団は他の人を排除する。では、排他的な権利は、他の何を排除するのだろうか。それは、同時に両立できない他の権利である。**物権は、同時に両立できない他の権利を排除する**。これに対し、**債権は、同時に両立できない他の権利を排除しない**。

　物権に排他性があることを、所有権の例で考えてみよう。所有権は所有物を100％自由に使える権利だから、1つの物に2つの所有権を認めることはできない（共有はこれとは異なる。50％ずつというように割合的に所有するからである）。たとえば、1冊の六法について、AとBが所有権をもっているとしよう。Aは条文に線を引きたいのに、Bはきれいなまま使いたいとする。この場合、両者

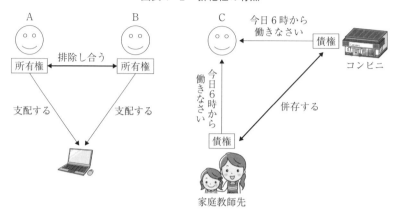

図表 4-2 排他性の有無

の使い方は衝突するから、AもBも、六法を自分の思い通りには使えないことになる。これでは、100％自由に物を使える権利として所有権を認めた意味がなくなってしまう。したがって、Aの所有権を認めるのであれば、Bの所有権は認められない。Bの所有権を認めるのであれば、Aの所有権は認められない。そのため、どちらに所有権を与えるかについてルールが必要になる。

　これに対し、債権には排他性がない。たとえば、Cがコンビニと家庭教師のバイトをしていて、たまたま同じ時間にバイトを入れてしまったとしよう。この場合、コンビニと家庭教師先は、それぞれCに対して、同じ日時にバイトに来るよう請求する権利（就労させる債権）を取得する。これら2つの債権は、同時に実現することができない。Cは1人であり、同じ時間に2カ所で働くことはできないからである。この場合、常識的には約束の順番で優劣が決まるように思える。たとえば、コンビニとの約束が先だとすると、Cは家庭教師よりもコンビニでのバイトを優先すべきだ、と考えられそうである。そうすると、コンビニの債権は、家庭教師先の債権を排除することになりそうである。しかし、債権には排他性がないから、約束の順番にかかわらず、債権は2つとも成立する。優先順位もつかない。どちらの債権を実現するかは、債務者の意思に委ねられている。Cはコンビニと家庭教師先のどちらを優先してもよい。約束を破られた側は、Cに対して損害賠償を請求することができる（**7**章参照）。

図表4-3 絶対性と相対性

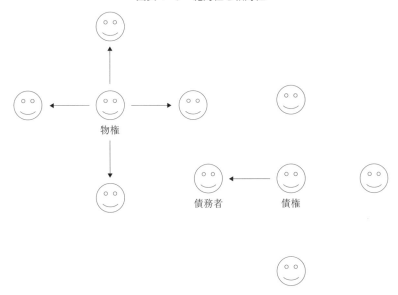

⑶ 絶対性・相対性

　物権は絶対的な権利であるのに対し、債権は相対的な権利である。「絶対的」、「相対的」とは、誰に対して権利の実現を主張できるかの違いを表している。絶対的とは、誰に対しても主張できる、という意味である（「万人に対して」と表現することもある）。相対的とは、特定の人に対してだけ主張できる、という意味である。

　たとえば、あなたは自分の六法について所有権を有しているから、誰に対しても、その六法を自分のものだと主張することができる。誰かが六法を盗っていったら、盗った人が誰であっても、その者に対して、「私に六法を返せ」と主張することができる。盗った人が誰であろうと、六法を取り戻さない限り、所有権の内容（自由に物を使うこと）を実現することができないからである。

　これに対し、債権は、特定の者（債務者）に対してしか、権利の実現を主張できない。たとえば、売主は、債務者である買主に対してしか代金の支払（＝代金支払債権の実現）を請求できない（保証人については8章参照）。この例は当然

のことである。しかし、債権の相対性は意外な結論をもたらす場合がある。たとえば、レンタカーの例で考えてみよう。レンタカーを使う権利は賃借権という債権である。借主は、賃借権に基づいて、レンタカー会社に車の引渡しを請求することができる。では、そのレンタカーを誰かが盗っていった場合はどうなるだろうか。借主は、賃借権に基づき、「自分にはその車を使う権利がある」と主張し、盗った人に対して、レンタカーの引渡しを請求できるだろうか。それはできない（なお、後に説明するように、占有権に基づく返還請求は可能）。賃借権は債権であるから、権利の実現（＝レンタカーの引渡し）は、債務者であるレンタカー会社に対してのみ請求できるからである。

　絶対的、相対的という言葉は、法律用語以前にそもそも日本語として理解が難しいが、以下のように理解すると、法律上の意味と日本語としての意味がつながってくるだろう。絶対に約束を守るとは、例外なく（＝あらゆる場合に）約束を守るという意味である。このように、絶対に＝あらゆる場合にと理解できることからすると、あらゆる人に対して（すなわち「誰に対しても」）主張できるという性質は、絶対的な性質と表現できるだろう。次に、相対的とは、訓読みでは相対する＝互いに向き合っているという意味になる。ここから、互いに向き合っている者同士の間でいえること、という意味が生じてくる。債権は、債権者と債務者という互いに向き合っている者同士の間でだけ、権利の実現を主張できる。だから、相対的な性質の権利である、といえる。

⑷ 譲 渡 性

　物権は自由に譲渡することができる。債権は、原則として自由に譲渡することができるが、譲渡が制限される場合がある（債権の譲渡については9章参照）。

2　物権の種類

　以上をまとめると、**物権とは、物を直接支配する排他的・絶対的な権利**ということになる。このような性質をもつ権利は、主に民法第2編（物権編）にリストアップされている。

　所有権は、法令の範囲内で、所有物を自由に使用・収益・処分することができる権利である（206条）。処分には、廃棄といった物理的処分のほか、売却等の法律上の処分も含まれる。所有権は最も典型的な物権である。

　地上権、**永小作権**、**地役権**は、他人の土地を使用・収益する物権（**用益物権**）である。地上権は、建物の建築や植林等を目的としている（265条）。永小作権は、農作物の栽培や酪農を目的としている（270条）。地役権は、自分の土地を便利なものとするために、他人の土地を利用すること（たとえば大通りに早く出るために隣の土地を通ること）を目的としている（280条）。

　入会権は、村落の住民が村落の山林等を利用する（たとえば山菜や薪を集める）権利である。入会権は、所有権の一種である場合もあれば（村民による山林の共有）、用益物権の一種である場合もある。

　留置権、**先取特権**、**質権**、**抵当権**は、**担保物権**に分類される。担保物権は5章で学ぶ。

　占有権は、「物を所持している」という事実状態を保護する権利である。たとえば、あなたは、自分の六法と勘違いして、友人の六法を手元にもっているとしよう。このとき、あなたには「占有権」がある（180条）。誰かがその六法をもっていった場合、あなたは、所有者でないにもかかわらず、占有権に基づいて、「六法を私に返せ」と主張することができる（200条）。

　このように、物を所持している状態を——所有権の有無とは関係なく——保護するのはなぜだろうか。もしそのような保護がなければ、あなたから六法を奪い取ろうとする者が現れて、実力行使による物の奪い合いになるだろう。その者がたとえ真実の所有者であったとしても、実力行使は暴力沙汰に発展する危険がある。ある者が物を事実上支配しているのであれば、その状態をいったん尊重し、話し合いで解決するか、裁判所を通して解決する必要がある。占有権には、平穏な社会秩序の維持という目的がある。

　物権の種類と内容については、法律で定めたもの以外は認められないとの原則がある（**物権法定主義**という。175条）。たとえば、Aが、ある絵画をBにプレゼントする際、絶対に改変しないと約束させていたとする。Bはその絵画を改変できないが、その理由は、Aとの約束によって債務を負うからである。絵画

に対する所有権の内容が変更され、自由な処分ができない所有権（これは法律には存在しない）になったからではない。したがって、BがCに絵画を譲渡した場合、Cは、Aに何の約束もしていないから、所有権に基づき自由にその絵画を改変できる。なお、物権法定主義には例外が認められている（温泉源を利用する権利（温泉権・湯口権）、農業のために水を引く権利（流水利用権）、譲渡担保権等）。

3　物の意義

　物権は物を支配する権利である。それでは、物とは何だろうか。少し踏み込んで考えてみると、判断に迷うケースが出てくる。ふつう物というと、パソコンや家具のように、何か堅い物体を指している感じがする。それでは、空気や水はどうだろうか。物であるような気もするし、物とはいわない気もする。ペットになると、物という人はほとんどいないだろう。しかし、ペットは動「物」でもある。

　民法は、物の意味を条文で定めている。民法85条をみてみよう。「**物**」とは**有体物**をいうとされている。**有体物とは、体積が有る物、つまり固体、液体、気体のこと**である。本やパソコンは固体だから、物である。これに対し、本に書かれたストーリーやパソコンにインストールされたプログラムは、言葉や記号で表現された情報である。情報は体積がないから、物ではない。

　民法は、物について様々な分類を行っている。重要な分類は、**不動産と動産**である。**不動産とは、土地および土地に定着した物**をいう（86条1項）。動産とは不動産以外の物をいう（86条2項）。

　土地の定着物の例としては、建物、石垣、樹木がある。**建物は、常に土地から独立した不動産として取り扱われる**。したがって、**土地と建物の所有権はつねに別々に成立する**。これに対し、石垣は、土地に吸収された取扱いとなる（土地所有権の対象となる）。樹木は、一般的には土地に吸収されるが、独立した不動産として取引される場合もある。

　土地の個数は、「筆(ひつ)」という単位で数える。たとえば、土地1個は「1筆(いっぴつ)」の土地、土地2個は「2筆(にひつ)」の土地という。

以上のほか、**主物**と **従物**という区別がある（87条）。互いに独立した物であるが、一方が他方に付属し、その効用（用途や働きのこと）を継続的に助けている場合、助けている付属物の方を従物、助けられている本体の方を主物という。たとえば、日本庭園の場合、土地が主物、そこに置かれた庭石が従物となる。部屋にエアコンを設置する場合、建物が主物、設置されたエアコンが従物となる。また、**元物と果実**という区別がある（88条、89条）。物の利用によって利益が生じた場合、利益の方を果実、利益を生み出した方を元物という。たとえば、馬を飼っていて子馬が生まれた場合、親馬が元物、子馬が果実となる（天然果実という）。なお、天然果実は元物の用法（経済的目的、用途のこと）に従って収取する産出物であるから（88条1項）、乗馬専用の馬から生まれた子馬は、果実ではない。家を貸して家賃を取得した場合、家が元物、家賃が果実となる（法定果実という）。

4　物権的請求権

あなたの六法を他人が勝手にもっていったとしよう。この場合、あなたは、もっていった人に対して、「六法を返せ」と請求することができる。所有権は、所有者（＝あなた）に対して、所有物の自由な使用を保障しているからである（206条）。このように、物権は物の支配を保障する権利であるから、物の支配が侵害されたり侵害されそうになったりした場合には、**物権者は、物の支配を守るために、物権に基づいて、侵害の排除や予防を請求することができる**。この請求権を**物権的請求権**という。

物権的請求権には3つの種類がある。まず、物を盗まれた場合など、物の支配を完全に失っている場合には、その物の「返還」を請求することができる（**返還請求権**）。つぎに、土地の一部に勝手に資材を置かれている場合など、物の支配を一部妨害されている場合には、その妨害の「排除」を請求することができる（**妨害排除請求権**）。最後に、隣家の塀がこちらの土地に崩れてきそうな場合など、物の利用を妨害されそうな場合には、塀の補強など妨害の「予防」を請求することができる（**妨害予防請求権**）。

5 所有権の内容

　以上、物権の種類と一般的な性質・ルールを説明してきた。ここからは、最も典型的な物権である所有権について学ぼう。

(1) 所有権の自由の尊重とその制限

　所有権は、所有物を自由に使用・収益・処分する権利である（206条）。自由とは、他人に干渉されずに、自分が望むように行動できるということである。たとえば、自分の教科書に書き込みをしようと、きれいなまま使おうと、それは所有者であるあなたの自由である。他人から「教科書に線を引きなさい」といわれても、それを強制されることはない。**所有権の自由の尊重は、個人の自由を尊重する近代法の重要な原則である**（所有権絶対の原則）。

　しかし、**所有権の自由を尊重することは、弊害も生じさせる**。たとえば、自分の土地だから使い方は自由、したがって建物の建て方も自由であるとしよう。そうなると、多くの家が敷地いっぱいに建てられて、家々の間に隙間のない住宅街になる可能性がある。そのような住宅街では、火事はあっという間に燃え広がってしまう。そこで、建築基準法では、建物の建築面積は敷地面積の一定割合に制限されている（建ぺい率の制限。建築基準法53条）。また、周囲を他人の土地に囲まれていて、公道に通じていない土地がある（袋地という）。袋地の所有者は、袋地に出入りするためには、周囲の土地を通らなければならない。この場合、所有権の自由を徹底し、周囲の土地の所有者は袋地所有者の通行を拒否できるとするならば、袋地は利用価値のない土地となる。土地は大切な資源であるから、有効利用できるようにすべきである。そこで、袋地の所有者は、周囲の土地の所有者の了解を得られない場合でも、周囲の土地を通行する権利を認められている（**隣地通行権**という。210条1項）。

　2021年には、物権に関係する規定が数多く改正された。重要な改正の1つに、所有者不明土地・建物管理命令制度の導入がある（264条の2〜8）。裁判所は、所有者を知ることができず、または所有者の所在を知ることができない

土地・建物について、利害関係人の請求により、所有者不明土地管理人・所有者不明建物管理人による管理を命ずる処分をすることができる（264条の2、264条の8）。これらの管理人は、土地・建物の状態を維持したり、土地・建物を利用・改良したり（ただし性質を変えない限りで）することができ、さらに、裁判所の許可を得れば、これらの範囲を超える行為（たとえば、売却などの処分）をすることができる（264条の3、264条の8）。所有者からすれば、土地・建物の使用・収益・処分について他者から介入されることになる（管理不全土地・建物についても同様の管理命令制度が導入された。ただし、所有者不明土地・建物管理命令と異なり、処分の許可については、所有者の同意が必要とされている。264条の10第3項、264条の14第4項）。

　所有権の自由の制限例は、以上のほかにも数多く存在する。

(2)共　　有

　共有とは、1つの物を複数人で所有することをいう。たとえば、あなたが友人と共同で自動車を購入した場合、（どちらか一方の単独所有にするという合意をしていなければ）その自動車はあなたと友人の共有物となる。

　共有者は、持分に応じて共有物を利用することができる（249条1項）。共有者間の持分の割合は、当事者の約束があれば（たとえば30％と70％）、それに従う。約束がなければ、共有者の数で均等に割り振る（2人であれば50％ずつ）（250条）。

　個々の共有者は、共有物全体を所有する。たとえば、2人で自動車を共有する場合、2人が自動車のパーツを半分ずつ所有するのではなく、2人とも自動車全体を所有した上で、利用を半分に分けるのである。たとえば、半月ずつ交代で自動車を使うことが考えられる。持分に応じて共有物を利用する権利を持分権という。

　共有は、複数人で1つの物を所有しているため、単独所有にはない様々なルールが必要となる（例：共有物の管理の仕方。252条）。

(3) 建物の区分所有

　マンションは、101号室、102号室、103号室……というように、個別の住居（住戸という）に区分された構造をしている。住人は各住戸に個人の所有権をもっている。このように、一棟の建物が構造的に複数の部分に区分されていて、それぞれ独立して住居や店舗として使うことができる場合、各区分について認められる所有権を区分所有権という（建物区分所有法1条、2条1項）。

　マンション等の区分所有建物は、住人が単独で所有している部分（**専有部分**）、エレベーターや水道管のように住人全体で共有している部分（**共用部分**）、敷地から成り立っている。

　区分所有建物には、民法とは異なるルールが数多く存在する。たとえば、民法では、共有者は持分に応じて共有物を利用することができる。これをマンションに適用すると、住人は自分の持分に対応した期間だけ（たとえば1年のうち2週間）エレベーターを使えるという奇妙な結果になる。そこで、エレベーターのような共用部分は、持分にかかわらず全員が1年を通じて使えることになっている（建物区分所有法13条）。ほかにも、マンションの建替えが必要かどうか、住人の間で意見が分かれることがある。この場合、住人全員の意見の一致は不要であり、4/5の賛成で建替えを決定することができる（建物区分所有法62条）。

5章　物　権（2）
物権変動

1　物権変動という用語の意味

　「物権変動」とは、「物権」が「変動」することである。「物権」の意味は4章で学んだ。では、「変動」とは何だろうか。変動とは、変化が生じることである。変化には様々なパターンがある。

　まず、一番分かりやすい例として、あなたが自分のパンを食べたらどうなるか、考えてみよう。パンを食べると、パンは消滅する。所有権は物を支配する権利だから、物が消滅したときに所有権だけ残ることはできない。支配する対象がないからである。だから、パンの消滅とともにパンの所有権も消滅する。ここでは、**所有権の「消滅」**という物権の変化が起きたことになる。

　つぎに、パンを作った場合を考えてみよう。パンの誕生とともに、パンの所有権も誕生する。ここでは、**所有権の「発生」**という物権の変化が起きたことになる。

　最後に、「移転」という変化のパターンを理解しよう。これは、少し複雑だが、とても重要な変化のパターンである。たとえば、お店でパンを買う場合を考えてみよう。あなたがパンを買う前、パンはお店のものである（パンの所有権はお店に帰属している、という）。あなたがパンを買った後、パンはあなたのものである（パンの所有権はあなたに帰属している）。あなたがパンを買ったことで、パンの所有権は、お店からあなたへと帰属先を変えたことになる。誰に帰属しているかは所有権の中身の1つだから、帰属先が変わることは、所有権の中身が変化したことになる。ここでは、所有権が「移る」という形で、所有権に変化が生じている。この変化を、**所有権の「移転」**と呼んでいる。

　物権変動とは、発生、消滅、移転といった物権の様々な変化をまとめて言い表した用語である。

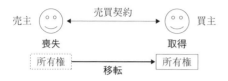

図表 5-1　物権の得喪と移転

なお、物権変動のパターンには、別の表現方法もある。「取得」と「喪失」である。パンを食べると、あなたはパンの所有権を「喪失」する。パンを作ると、あなたはパンの所有権を「取得」する。

あなたがお店でパンを買うと、パンはあなたのものとなり、お店のものではなくなる。あなたはパンの所有権を「取得」し、お店はパンの所有権を「喪失」した、と表現できる。「取得」と「喪失」は、人の側から見た物権変動の表現方法である。これに対し、「発生」・「消滅」・「移転」は、権利の側から見た物権変動の表現方法である。

2　物権変動が生じる場合

　物権変動は、上記以外にもいろいろな場合に生じる。落とし物を拾って交番に届けて、持ち主が現れないまま何カ月か過ぎたら、その物をもらうことができる。そんなことを聞いたことがあるのではないだろうか。そのとおりであり、拾った人は、落とし物の所有権を「取得」することができる（240条。遺失物拾得）。

　物を拾って所有権を取得する場合と、物を買って所有権を取得する場合とでは、所有権の取得の仕方に次のような違いがある。

　売買の場合、所有権は売主から買主へと移転する。**買主は、売主の所有権を受け継ぐことになる（承継取得**という）。承継取得の例としては、売買のほかに相続などがある。

　これに対し、遺失物拾得の場合には、拾った人は、落とし主の所有権を受け継ぐのではない。**拾った人のもとで、新たに所有権が誕生する（原始取得**という）。前の所有権は、新しい所有権に排除されて消滅する。このような原始取得の例としては、3章で説明した取得時効（162条）や、本章で取り上げる即時取得（192条）などがある。

3　法律行為による物権変動

　②章と**③章**で説明したように、権利変動を生じさせる法律要件としては、法律行為が一番重要である。このことは、権利変動の1つである物権変動にも当てはまる。物を購入して所有権を取得する場合のように、法律行為による物権変動が最も重要である。そこで、以下では、法律行為によって物権変動が生じる仕組みを詳しくみていこう。

　法律行為は、意思によって権利を変動させる行為だが、当事者の意思表示だけで権利が変動するかというと、そうではない場合もある。たとえば社団法人の設立である。法人の設立は法律行為であるが、「一般社団法人〇〇同窓会を作ろう」と仲間内で合意するだけでは、法人はまだ発生しない。定款という文書の作成や法人登記簿への設立登記等も必要となる。

　それでは、物権変動はどうだろうか。売買の合意をするだけで物権変動（所有権移転）は起きるのだろうか。それとも、法人の設立の場合と同じように、合意だけでは足りず、契約書の作成や不動産登記簿への登記等も必要になるのだろうか。

　民法176条は、「物権の設定及び移転は、当事者の意思表示のみによって、その効力を生じる」、と定めている。簡単にいえば、物権変動は当事者の意思表示のみによって生じる、ということである。契約の場合には、当事者の意思表示の合致（合意）が、176条の「当事者の意思表示」に該当する。

　したがって、契約書の作成や登記をしていなくても、売買の合意があれば所有権は移転することになる。

　なお、どの時点で売買の合意がなされたかは、取引の状況を踏まえて認定する必要がある。たとえば、土地の売買で考えてみよう。土地の売買は、ふつう、長い交渉のプロセスを辿る。当事者が「この土地、買いたいんですけど」「いいですよ、売りましょう」と言葉を交わしたら、それだけで売買の合意があったといえるのだろうか。それとも、さらに進んで、契約書を作り、署名し、印鑑を押した時点で、売買の合意がなされたというべきだろうか。詳しく

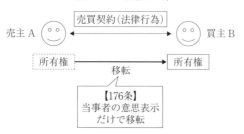

図表 5 - 2 　 民法176条

売主 A 　　　　　売買契約（法律行為）　　　　　 買主 B

所有権　　　　　　　移転　　　　　　 所有権

【176条】
当事者の意思表示
だけで移転

は物権法の授業で勉強しよう。

　民法176条のように、**当事者の意思表示のみによって物権変動が生じるとする立場を、意思主義**という。日本の民法は、物権編の総則でこのことを定めており、意思主義を物権変動の原則としている。これに対し、**当事者の意思表示に加えて、一定の形式が備わって初めて物権変動が生じるとする立場がある**（形式主義という）。この立場によれば、売買の合意だけでは所有権は移転しない。さらに一定の形式（物の引渡し、登記、契約書の作成など）を備える必要がある。どのような形式が必要とされるかは、国によっても異なるし、動産取引か不動産取引かによっても異なる。

4 　 物権変動の公示

(1) 物権変動の公示の必要性

　あなたはAから家を買ったとしよう。あなたは家の所有権を取得するが、そのことは、あなたと売主A以外の者からは分からない。そのため、その家がすでにあなたの所有物になったことに気づかないまま、前の持ち主であるAからその家を買う人が生じるかもしれない。仮にそのような事態になると、あなたとその人との間で、家の取り合いになる。

　こうしたトラブルを防ぐためには、あなたが家の所有権を取得したことを、誰からでも分かるようにしておけばよい。そうしておけば、その家を買おうかどうか考えている人は、家の所有者はAではなくあなたであることに気づくこ

とができる。前の持ち主Ａから誰かがその家を買うという事態の発生は、防ぐことができるだろう。

　ここで、「公示」という言葉を理解しておこう。「公示」とは、「公」に「示す」ことである。「公」とは「社会全体」のことだから、「公示」とは「社会全体に示す」ということである。もう少し分かりやすくいうと、「誰からでも分かるようにしておく」ということである。

　では、あなたは、家の所有権を取得したことを公示しておくために、どのような方法を使えば良いだろうか。表札を自分の名字に変えておけば良いだろうか。それとも看板を立てて、「今日から〇〇の所有物になりました」とアピールすることが必要だろうか。

　どちらも公示の方法としては不十分すぎる。偽造できるから信頼性に欠けるし、遠くに住んでいる人からは分からない。確かめるためにいちいち遠くから訪ねて来なければならないとなると、費用も時間もかかるから、取引にブレーキがかかってしまう。

　そこで、不動産については、国が管理するファイルが用意されている。このファイルを不動産登記簿と呼び、誰でも閲覧することができる。ここに所有権の取得を登録しておけば、所有権の取得は誰からでも分かる状態になる。つまり、あなたが家の所有権を取得したことが、公示されたことになる。

　公示するための手段を公示方法と呼んでいる。不動産登記は、不動産物権変動の公示方法である。これに対し、**動産の物権変動を公示する方法は、占有で**ある。たとえば、あなたがパソコンを購入し、その所有権を取得したとしよう。パソコンの所有権移転は、そのままでは当事者（あなたと売主）以外の者（第三者という）からは分からない。そこで、何らかの方法で、パソコンの所有権移転を第三者にも分かるようにしておく必要がある。その方法が占有の移転（引渡し）である。あなたがパソコンの所有権を取得したことは、あなたがパソコンの引渡しを受けた時点で、公示されたことになる。

⑵　不動産登記

　不動産登記とは、不動産に関する一定の権利を、国が管理する不動産登記簿

に記載することである。不動産登記簿は、かつて紙の文書であったが、現在では電子化され、コンピューターで管理されている。不動産登記の内容や手続き等は、**不動産登記法**に定められている。

　不動産登記簿には非常に多くの情報が記載されている。以下において、登記事項証明書の大体の見方を学んでおこう。土地登記の例を取り上げる。

　図表5-3の一番上の欄を**表題部**と呼ぶ（番号①の部分）。ここをみると、どこの土地に関するデータであるかが分かる。土地の利用方法や面積など土地の状況も分かる。

　次の欄が**甲区**である（②の部分）。「区」といっても、城南区や博多区といった行政区域のことではない。単に「欄」という意味である。甲区には、所有権についての情報が記載されている。データをみてみると、この土地は、現在、法務五郎氏が所有していることが分かる（③の部分）。どのような経緯で五郎氏が所有することになったかも分かる（④の部分）。売買契約で土地を手に入れたことが記載されている。

　その下の欄が**乙区**である（⑤の部分）。乙区の欄には、所有権以外の権利が記載されている。データをみてみると、土地に抵当権がついていることが分かる（⑥の部分。抵当権の説明は6章で行う）。抵当権をもっているのは南北銀行である（⑦の部分）。この抵当権は、五郎氏が借りた4000万円を担保していることも分かる（⑧の部分）。

　以上のように、不動産登記簿は、不動産の状態（用途や構造、面積など）と権利関係を誰からでも分かるようにしておく（＝社会全体に示す、つまり公示する）手段であり、不動産取引において極めて重要な役割を担っている。

　たとえば、あなたは、上記の土地を買いませんかといわれた場合、抵当権がついていることに注意しなければならない。この土地を買った場合、債務者である五郎氏が4000万円の借金を返済しなければ、南北銀行の申立てによって、あなたは裁判所に土地を取り上げられてしまう。不動産登記簿を見ればそのことが分かるから、「買うのはやめよう」とか、「代金を安くしてもらおう」とか、適切な判断が可能となる。

図表5-3　登記事項証明書

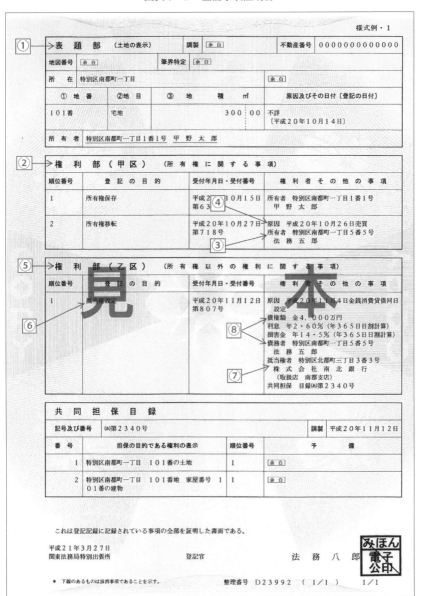

※法務省HPより転載（丸数字と矢印は執筆者による）

5　公示されていない物権変動の取扱い
　　──公示の原則と物権変動の対抗要件

　以上のように、物権変動を公示することは、取引の混乱を防止する上で非常に効果的な方法である。そこで、物権変動の公示は、人々の自発的な活動のレベルを超えて、法律上のルールにまで高められている。**「物権変動が生じたら公示すること」**という法的ルールを、**公示の原則**という。

　しかし、公示しない当事者もいる。たとえば、登記にかかる費用が高いので、不動産を買っても登記はしないでおく、という場合がある。こうした**公示されていない物権変動**は、どのように**取り扱う**べきだろうか。公示されない物権変動は、当事者以外の者（第三者）からは通常分からない。たとえば、Aが自分の土地をBに売ったが、まだ登記をしていないとする。この状態で、Cが不動産登記簿をみても、そこにはBへの所有権移転は記載されていない。現在の所有者はAと記載されたままである。そのため、Cは、Bの存在に気づかないまま、Aを所有者と考え、Aからその土地を買うかもしれない。仮にそのような事態が生じたら、同じ土地がBとCに売却されたことになり、両者の間で土地の取り合いになってしまう。これでは、せっかく不動産登記制度を作ったのに、安心して土地を取引することはできないことになる。

　そこで、公示の原則は、もう一歩踏み込んだルールを作ることになる。上記の例の場合、Cは、登記簿に記載されていないBの存在を無視して、Aから所有権を取得することができる。つまり、Cは、不動産登記簿に記載されていない物権変動（AからBへの所有権移転）を、なかったものとして取り扱うことができるのである。

　このことを、上記の例に即しつつ一般化すると、次のようになる。**物権変動の当事者（A・B）以外の者（第三者C）は、公示されていない物権変動（A・B間の所有権移転）を、否定することができる。**上述した公示の原則は、このように第三者を保護するルールとして具体化される。

　公示の原則は民法177条と178条に現れている。それぞれの条文を見てみよう。

(1) 民法177条

民法177条は、「不動産に関する物権の得喪及び変更は、……その登記をしなければ、第三者に対抗することができない」と定めている。少し簡単にいえば、**不動産に関する物権変動は、登記をしなければ、第三者に対抗することが**

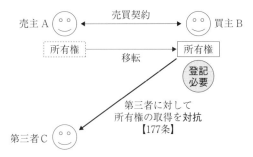

図表5-4 民法177条

できない、ということになる。登記は、第三者に対して不動産の物権変動を対抗するための要件となっている（対抗要件という）。

　上記の例で考えてみよう。Bにとって、所有権移転の当事者はAであり、Cは第三者である。Bは、登記をしなければ、第三者Cに対して、所有権を取得したことを対抗できない。

　物権は絶対権であり誰との関係でも効力が発生するから、Bが所有権を取得したことは、第三者Cも認めなければならないように思える。しかし、公示の原則によって、第三者は、公示されていない物権変動を否定することができる。Bが所有権取得を登記していない場合、Bの所有権取得は公示されていないから、第三者Cは、Bの所有権取得を否定することができる。Bは、Cから所有権取得を否定された場合、その否定を覆す（すなわち、対抗する）ことができない。

　「対抗」という用語の意味は、学説上争われている。複雑な議論なので、物権法の授業で勉強しよう。今は、「対抗」という言葉の印象にはとらわれずに、「主張」と理解しておけば良いだろう。

(2) 民法178条

　民法178条は、**動産に関する物権変動は、引渡しをしなければ第三者に対抗することができない**、と定めている。

　たとえば、あなたが自転車を買ったとする。あなたは、その自転車の所有権

を取得したが、そのことを第三者に主張するためには、自転車の引渡しを受けることが必要になる。このように、**引渡し**は、第三者に対して動産の物権変動を**対抗**するための**要件**となっている。

(3) 民法177条・178条の「第三者」の意味

　第三者という用語は、通常、「当事者以外の者」という意味である。この意味で民法177条と178条の第三者を理解すると、第三者の範囲は非常に広くなる。しかし、それでは不都合が生じる。以下の事例を考えてみよう。BがAから土地を買った後、第三者との間でトラブルが生じた、という事例である。

　　①Dがその土地に勝手に車を停めている。Bは、Dに車をどかしてもらいたい。

　　②EもAからその土地を買った。BとEの間で土地の取り合いになった。

　DとEは、民法177条の第三者に当てはまるだろうか。もし当てはまるならば、Bは、登記をしない限り、①②のどちらの場合でも所有権を主張できない。

　①の場合、Bは、不法占拠者Dに対して、「その土地は私の土地だから、車をどけてくれ」と主張できないことになる。しかし、それで良いのだろうか。不法占拠者Dは、その土地に正当な利益をもっていない。Bにたまたま登記がないことを利用して、所有者であるBの要求を拒み、その土地に居座り続けることになる。これは妥当とはいえない。そこで、Bは、登記をしなくても、所有権を行使してDを追い出せると考えるべきである。

　これに対し、②の場合、Eは土地の買主であり、土地に所有権をもっている。BがEに対して「その土地は私の土地だ」と主張したら、Eもまた、Bに対して、「私もその土地を買ったんだ。その土地は私の土地だ」と反論するだろう。①の場合と異なり、Eの主張は不当なものとはいえない。それゆえ、Bは、登記をしない限り、Eに対して所有権を対抗できないと考えて良いだろう。

　以上のように、①と②では取扱いを変えるべきである。①では、Bは登記しなくても第三者に勝てる。②では、登記しないと第三者に勝てない。条文の言葉を使って表現すると、民法177条の第三者は、Eを含むが、Dは含まないということになる。そうすると、民法177条の第三者は、「当事者以外の者」とい

図表 5-5　民法177条の第三者

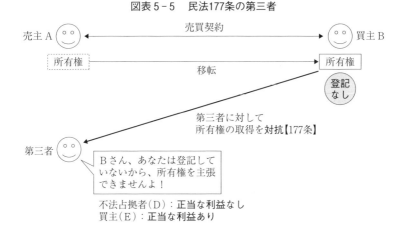

不法占拠者（D）：正当な利益なし
買主（E）：正当な利益あり

う通常の意味よりも、もっと狭く理解すべきことになる。

　それでは、民法177条の第三者は、どのような意味で理解すべきだろうか。同条の第三者に該当するかどうかは、どのような基準によって判断すれば良いのだろうか。判例は、**民法177条の第三者とは、登記の欠如を主張する正当な利益を有する者**、としている。登記は物権変動を対抗するための要件である（177条）。したがって、登記が欠けていると主張することは、言い換えれば、物権変動を対抗するための要件が欠けている（したがって、あなたは物権変動を対抗できませんよ）、と主張することである。このことは、他者の物権変動を否定することを意味している。

　上記の例で考えてみよう。①の場合、不法占拠者Dは、Bから「出て行ってくれ」といわれたとき、「あなたは登記していないから、私は出て行きません」と主張することになる。Dは、そのように主張する正当な利益を有しているだろうか。不法占拠者にそのような利益があるとは思えない。したがって、Dは、民法177条の第三者に該当しない。

　これに対し、②の場合、Eは土地に所有権をもっている。Eは、自らの所有権を守るために、Bに登記がないことを主張している。Eには正当な利益があるといえる。したがって、Eは、民法177条の第三者に該当する。

ある者が民法177条の第三者に該当するか否かは、多くの場合、裁判所の判断に委ねられている。しかし、法律上、登記の欠如を主張できない者として規定されている例がある（**不動産登記法5条**）。

　1つは、**詐欺または強迫によって登記の申請を妨げた第三者**である（1項）。たとえば、Bが土地を買い、登記しようとしたところ、Cが「登記したらひどい目にあわせてやる」といってBを脅し、登記を妨害したとする。Cは、Bの登記を妨げた張本人だから、Bに登記がないと主張することは許されない。もう1つは、**他人のために登記を申請する義務を負う第三者**である（2項）。たとえば、Bは土地を購入したが、登記手続きがよく分からないので、Cに登記の申請を依頼したとする。ところが、Cは、Bのための登記申請をしないまま、その土地をAから買い取り、自分を新所有者として登記したとする。この場合にも、Cは、Bに登記がないことを主張することはできない。

6　公示が間違っていたらどうなるか──動産の即時取得

　動産の所有権は、占有によって公示される。たとえば、Aがパソコンを占有していれば、Aがそのパソコンの所有者として公示されている。多くの場合、動産の占有者と所有者は一致する。たとえば、あなたが今着ている服や手にもっている鉛筆は、あなたの所有物だろう。

　しかし、占有者と所有者が一致しない場合がある。たとえば、あなたが今読んでいるこの教科書は、友人が貸してくれたものだとしよう。この場合、あなたは本の所有者ではない。しかし、本を占有しているから、あなたは本の所有者として公示されている。ここでは、公示が間違っていることになる。このとき、公示の誤りに気づかないまま、公示された権利関係を信じて取引をする者が現れたら、どうなるだろうか。

　たとえば、AがBにパソコンを貸したところ、BはそのパソコンをCに売って、手渡してしまったとしよう。Cは、Bからパソコンを買う時、Bが手にもっていたので、そのパソコンはBのものだと信じていたとする。Cは、誤った公示（本当はAが所有者なのにBが所有者として公示されている）を信じて、Bか

ら買ってしまったわけである。この場合、Aは、Cに対して、「Bには貸した
だけなんだから、パソコンを返してくれ」と主張するだろう。Aは、勝手に売
られた自分のパソコンを取り返すことができるだろうか。

　まず、民法の原則に従って考えてみよう。**所有者以外の者が勝手に売買契約
を結んでも、所有権は移転しない**。B・CはAのパソコンの売買契約を結んだ
が、Bはパソコンの所有権をもっていないから、Cに所有権を移すことはでき
ない。Aはパソコンの所有権をもっており、他方、CはAとの関係で何の権限
もなくパソコンを使っていることになる。したがって、AはCに対してパソコ
ンの返還を請求できる。

　以上は民法の原則の話である。これには、**即時取得**という重要な例外がある
（**192条**）。Cが、パソコンの購入時、パソコンは（占有者）Bのものだと信じて
おり（善意）、かつ、十分注意していた（無過失）場合には、Cは、パソコンの
占有を始めれば直ちに（＝その瞬間に。すなわち「即時に」）所有権を取得できる
（これに対し、取得時効の場合は、占有開始から10年または20年の経過が必要である。
162条。なお、192条を読むときは、「即時に」という言葉は「取得する」にかかること
に注意しよう。間違えて、「即時に」を「行使する」にかけて読んでしまうと、即時に
行使する権利とは何だ？という疑問が湧いてきて、意味不明の条文になってしまう）。
上記の例において、Cは善意でありすでに占有を始めているから、あとは無過
失の要件が満たされれば、Cはパソコンの所有権を取得することができる。A
は、勝手に売られたのに所有権を失い、パソコンを返せといえなくなってしま
うのである。

　以上のように、即時取得とは、真実の権利者を犠牲にして、間違った公示を
信頼した第三者を保護する制度である。

　ではなぜ、真実の権利者を犠牲にして第三者を保護するのだろうか。それ
は、動産取引の円滑化のためである。もし公示に対する信頼が保護されなかっ
たらどうなるだろうか。鉛筆やテレビを買うとき、私たちはその物品が本当に
売主のものかどうか、心配しなければならなくなる。その物品が店の棚に並ん
でいても、店の所有物とは限らない。もし店の所有物でなかったら、後で真実
の所有者から返還を請求されてしまう。私たちの社会は、日々、大量で迅速な

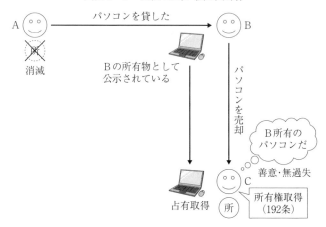

図表 5-6　民法192条（即時取得）

A　パソコンを貸した　→　B

消滅

Bの所有物として
公示されている

パソコンを売却

B所有の
パソコンだ

善意・無過失

占有取得

所有権取得
（192条）

動産取引を必要としている。上記のような不安につきまとわれていたのでは、大量で迅速な動産取引などとても無理である。安心して動産取引ができるようにするためには、動産の占有者を所有者と信じて取引できるようにしておく必要がある。即時取得はそのための制度である。

　即時取得は動産取引を対象としている。それでは、不動産取引についてはどうであろうか。不動産登記が間違ってなされることがある。たとえば、Aは建物を建てたが、固定資産税を払いたくないので、Bの名義で建物の所有権を登記した、という場合である。この場合、その登記は真実とは異なった登記である（不実の登記という）。Cがこの間違った登記を信頼してBから建物を買ったとしよう。Cは、建物の所有権を取得できるだろうか。この問題は、**民法94条2項の類推適用**に関わる問題である。この問題は民法総則や物権法の授業で詳しく勉強することになる。

6章 物　権（3）
担保物権

1　担保という用語の意味

　「担保」という言葉は、日常生活でそれほど聞くことがなく、法律用語以前に日本語としての意味をつかみにくい言葉である。（広い意味で）保証を担う、と言い換えると分かりやすいかもしれない。明治期の書物によると、「担保」には、もともと「安全確保」という意味があったようである。安全確保とは危険を回避することであるが、ここではどのような危険が想定されているのだろうか。それは、債権が実現しないこと、典型的には貸した金銭が返済されないことである。本章でいう**担保**とは、債権が実現しない危険を回避する手段、すなわち、**債権の実現をより確実なものとする手段**のことをいう。

　たとえば、100万円を貸すときに、借主の親に「万一の場合は肩代わりします」と約束してもらう。そうしておけば、借主の財産がなくなり、借主が「無い袖は振れない」と言い出しても、その親が返済してくれるからお金は返ってくる。この場合、借主の親が、債権の実現（100万円の返済）を確実なものとしている。つまり担保していることになる。これは、人による債権の担保（**人的担保**という）の例である。人的担保においては、担保を負担した人が、債権を実現するために、自分のすべての財産を使うことになる。

　これに対し、特定の財産による債権の担保を**物的担保**（担保物権）という。本章では担保物権について学ぶ（人的担保は8章で学ぶ）。

2　抵　当　権

　抵当権とは、抵当権が設定された不動産から、他の債権者に先立って弁済を受けることができる権利をいう（369条）。弁済とは債権を実現することをいう

図表6-1　債権者平等の原則

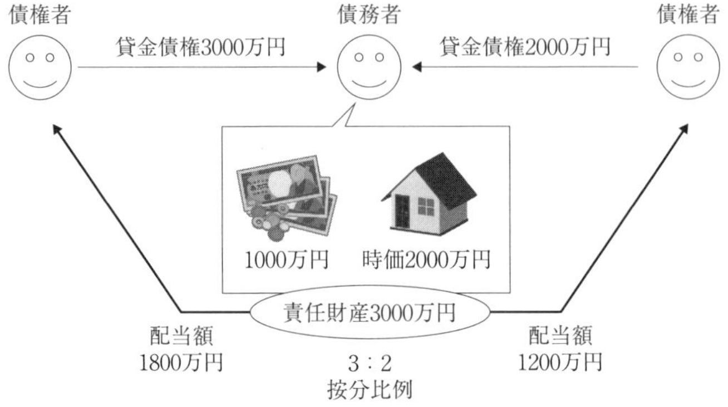

債権者　　貸金債権3000万円　　債務者　　貸金債権2000万円　　債権者

1000万円　　時価2000万円

責任財産3000万円

配当額　　　　　　3：2　　　　配当額
1800万円　　　　按分比例　　　1200万円

（9章参照）。借金の返済は弁済の一例である。

　「他の債権者に先立って」とはどういう意味だろうか。たとえば、AがBから100万円貸してほしいといわれたとする。このときAは、Bが返済してくれるかどうか心配であろう。Bが財産をたくさんもっていても安心できない。Bは、すでに他から多額の借金をしているかもしれないし、これから借金していくかもしれない。その結果、Bは、全財産を使っても借金を返済できない状態（債務超過）に陥る可能性がある。Bの返済が滞った場合、Aは強制執行をし、Bの財産から100万円取り立てることができるが、Aのほかにも債権者がいると、債権者全員で**債務者の財産を平等に分け合う**ことになる（**債権者平等の原則**）。平等といっても**債権者の人数で均等に分けるのではなく、貸した金額の大きさに比例して分け合う**（按分比例という）。貸付金が大きければ大きいほど、返済を受ける額は多くなる。しかし、Bの財産は債権者全員の貸付総額に足りないから、どの債権者も、貸したお金の全額が返ってくるということはない。

　そこで、Aは、Bがどのような借金をしようとも、それに左右されない返済手段を確保しておく必要がある。抵当権は、そのための非常に有効な手段である。BがAのために土地に抵当権を設定した場合、その土地は、抵当権者Aへの返済のために優先的に使われる。すなわち、その土地は裁判所で競売（入札等により売却すること）され、その売却代金がAに支払われる。他の債権者は、

図表 6-2　優先弁済権

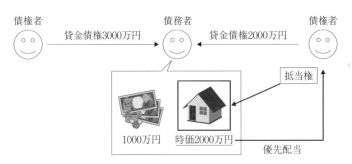

債権者　　　貸金債権3000万円　　　債務者　　　貸金債権2000万円　　　債権者

抵当権

1000万円　　時価2000万円

優先配当

その残りを受け取るだけである。これが、「他の債権者に先立って（＝優先して）」弁済を受けることができる抵当権の効力である（優先弁済効力）。

　また、抵当権には、「占有を移転しない」という重要な特徴がある（369条）。たとえば、あなたは、銀行からお金を借りて家を購入し、銀行への返済を担保するために家に抵当権を設定したとする。この場合、あなたは、抵当権を設定した家（抵当不動産という）を銀行に引き渡す必要はない。銀行にとっては、引き渡されても管理の手間が増えるだけで、迷惑な話である。あなたにとっても、借金の返済が終わるまで家を使えないとなれば、40歳の時に30年ローンで家を買う場合、70歳になってようやく家を使えることになる。これでは、何のために家を買ったのか分からない。抵当権は、抵当不動産の占有を抵当権者に移さず、所有者が占有を継続できる権利であるから、あなたは家を使い続けることができる。家を使いながら借金の返済を続け、完済した段階で抵当権は消滅する。このように、**抵当権者が目的物を占有しないこと**（非占有担保）は、**抵当権の重要な長所**である。

　なお、**抵当権のついた不動産も、所有者は自由に譲渡することができる**。「抵当権を設定したら譲渡できなくなる」、「譲渡には抵当権者の許可が必要である」と間違えやすいので、注意しよう。抵当不動産を譲渡すると、その不動産は抵当権がついたまま譲受人へ移転する。

　抵当権に関しては、「抵当権設定者」という用語がよく用いられる。この用

語には注意が必要である。上記の例でいうと、お金を貸すＡ（債権者）が抵当権を設定するようにも思えるが、そうではない。抵当権を設定するのは不動産の所有者であるから、抵当権設定者はＢである。「被担保債権」という用語もよく用いられる。抵当権によって担保される債権のことである。

3 質 権

　質屋で時計を預け、お金を借りる場合、時計に質権が設定される。返済が滞った場合、質屋はその時計を貸付金の返済に充てることができる。借主が他から借金していたとしても、その時計は、質屋への返済のために優先的に用いられる（優先弁済権）（342条）。

　質権は、抵当権と異なり、占有を移転する担保である（342条）。借主は、質屋に時計を預けなくてはならない。借主は時計がないと困るから、借金を返そうと努力するだろう。占有の移転は、借金返済を促す効果がある。

　質権は、時計等の動産以外にも、不動産と権利（債権、著作権等）にも設定することができる。

4 留 置 権

　留置権とは、他人の物の占有者が、その物に関して生じた債権の弁済を受けるまで、その物を留置できる権利である（295条）。

　たとえば、時計店Ａは、Ｂから時計の修理を依頼され、修理を完了したとしよう。時計店Ａは、修理代の支払請求権を取得する。ところが、Ｂは、修理代を支払わないまま、時計の引渡しを請求したとする。この場合、時計店Ａは、Ｂが修理代を支払うまで、時計を手元に留めておく（＝留置する）ことができる。時計を返さないことによって、修理代の支払を促すのである。

5　先取特権

　たとえば、会社が複数の債権者に対する負債を抱えて倒産した場合、債権者らは、いくらかでも弁済を受けるために、会社の財産を分け合うことになる。銀行の貸付金と労働者の給料債権を比べると、銀行の貸付金の方がはるかに大きい。たとえば、銀行の貸付金が1億円、労働者の給料が25万円だとすると、1億：25万（400：1）の割合で、会社の財産を分け合うことになる。会社の残った財産が1000万円だとすると、労働者は2万5000円弱しか取得できない。給料は労働者の生活の糧であるから、これでは生活に困窮してしまう。そこで、労働者の給与債権は、他の債権者よりも先に支払いを受けることができる（306条）。給与債権には、他の債権よりも「先に」債務者の財産を「取っていく」特権が認められているのである。このような権利を**先取特権**といい、給与債権以外にも様々な債権について認められている。

6　担保物権の分類

　以上のように、担保物権には様々な種類がある。そのうち、契約によって設定されるものを**約定担保物権**という。上記のうち、抵当権、質権がこれに該当する。これに対し、契約ではなく、一定の場合に法律によって自動的に設定されるものを**法定担保物権**という。留置権と先取特権がこれに該当する。

　また、民法典に定められている担保物権を**典型担保**という。抵当権、質権、留置権、先取特権がこれに該当する。これに対し、民法典には定められていない担保物権もあり、それらを**非典型担保**という（譲渡担保や仮登記担保等）。

7章 債権総論（1）
債権の目的・債権の効力

1 債権と債権法

(1) 債権の意義

　債権とは何であろうか。たとえば、Aの自動車をBが買う約束をしたとする（A・B間で売買契約が成立したことになる）。このとき、売主Aには買主Bに自動車の代金を請求する債権が発生する一方、BにはAに自動車の引渡しを請求する債権が発生する。債権とは「ある特定の者（債権者）が他の特定の者（債務者）に対して一定の行為（給付）を求める権利」であり、民法が財産権として保護するものである。なお、債権に対応するのが**債務**であり、この例では、AはBに自動車を引き渡す債務を負い、BはAに代金を支払う債務を負う。

(2) 債権の特徴

　債権の特徴を**物権**と比較してみると、物権が「絶対性」と「排他性」という性質をもっているのに対し、債権は、原則的に特定の者（債務者）に対してしか主張できないという点で**相対的**であり、同時にいくつも成立しうる点で**排他性がない**といえる。物権は自由に創設することができない（物権法定主義＝175条）のに対し、とくに契約から生ずる債権は、契約自由の原則に基づき、その内容を自由に定めることができるという点でも相違する（521条参照）。債権も譲渡することができ（466条参照）、第三者によって侵害された場合には法的な保護が与えられる（709条参照）など、財産権としての共通性を有する。

(3) 債権の発生原因

　債権はどのような原因から発生するのであろうか。最も重要なのは、売買、賃貸借、雇用などの**契約**である。前述の売買の例もそうだが、たとえば、大学

生AがコンビニエンスストアBでアルバイトをする場合、A・B間には雇用契約（623条）が結ばれ、この契約からAにはBに対する給料の支払を求める債権、BにはAに対して労働に従事するよう請求する債権が発生する。すなわち、この事例では雇用という契約がこのような債権の発生原因であることが理解できる（契約は⑩、⑪章を参照）。

　また、歩行者AがBの運転する自転車に追突されて重傷を負ったとする。Bに前方不注意などの過失があれば、AはBに対して損害賠償を請求することができる（709条）。このBの行為のように、故意・過失により他人の権利や利益を侵害して損害を与える行為を**不法行為**といい、ここから損害賠償請求権という債権が発生するのである。

　このほか、義務を負っていないのに他人のためにある行為をする**事務管理**（697条）や法律上の原因なくして他人の損失において利得をする**不当利得**（703条）も債権の発生原因である（不法行為、事務管理、不当利得は⑫章参照）。

⑷ 債権法の構造──債権総論の特徴

　債権の発生原因は、民法典において第3編の第2章（契約）から第5章（不法行為）に規定され、この債権の発生原因を扱う分野を**債権各論**という。第3編のうち、第1章（総則）の内容を扱う分野を**債権総論**という。

　具体的には、債権総論は、債権の目的（種類）、債権の効力、債権の譲渡、債権の消滅等を扱い、債権の発生原因とは切り離して、債権一般の性質を抽象的に扱う分野である。

　ただ、債権一般を扱うといっても、実際には契約から生ずる債権を中心としており、たとえば、債務不履行（415条）は、契約から生ずる債務の不履行を想定しているといってよい（不法行為による損害賠償請求権については709条以下も適用され、消滅時効も166条ではなく、724条が適用される）。

　また、債権総論においては貸したお金の返済や代金の支払を求める債権（これらを金銭債権という）を前提とした規定が多いことも特徴である。金銭債権の回収にとって債権総論は重要な役割を果たしており、この意味で債権総論と担保物権（⑥章参照）は密接な関連を有する。

債権総論の内容は抽象的であるので、初めて民法を学ぶ者は債権各論（⑩章以下）を先に学習した後に勉強するのもよいだろう。

2　債権の目的——様々な種類の債権

(1) 債権の目的とは

債権の目的とは、債権の対象のことであり、債務者の一定の行為（これを給付という）を指す。たとえば、「甲商品を引き渡す」「代金1000万円を支払う」「借りたお金を返済する」「従業員として労働に従事する」「住宅を建築する」等々、債務者が債務として負っている行為のことである。

給付は**確定したもの**でなければならない。なぜなら、給付が確定していないと履行することができないからである。ただし、物の引渡しを目的とする債務においては、契約時において確定していなくても、引渡し時までに目的物が確定するものであれば、債権としては有効に成立する（後記の種類債権や選択債権を参照）。

給付は**適法なもの**でなければならず、公序良俗（90条）や強行規定（❸章参照）に反するものであってはならない。これらに反する内容の契約を結んだとしても無効であり、その債務の履行を強制することはできない。

また、民法は金銭に評価できないものも債権の目的となるとし（399条）、祖先の追福を祈るため寺に永代念仏してもらうことは債務になるという裁判例もある。しかし、その不履行に対しては履行の強制や損害賠償請求ができるのであるから、給付（債権）は少なくとも**法的保護に値するもの**であることが必要である。よって、デートや飲み会の約束などは債務（債権）とはなり得ない。

給付は必ずしも実現可能なものである必要はない。たとえば、ある建物の売買契約において契約締結日の前日に建物が焼失して履行不能になったとしても、債権は有効に成立し、債務不履行（履行不能）による損害賠償（415条）の問題として扱われるというのが民法の立場である（412条の2第2項参照）。

(2) 債権の種類

　民法典には、特定物債権、種類債権、金銭債権、利息債権および選択債権が規定されているが、すべての債権を網羅しているわけではない。

　債権（債務）は、まず物の引渡しや金銭の支払を目的とする**与える債務**と労働やサービスなど人の行為を目的とする**なす債務**に大別することができる（これ以外に特殊な債務として「一定の行為をしてはならない」という**不作為債務**がある）。

　与える債務はさらに「物の引渡しを目的とする債権」と「金銭の支払を目的とする債権」に分けることができる。前者は目的物の性質に従い、「特定物債権」と「種類債権」に分類される。

(3) 特定物債権

　特定物債権とは、特定物の引渡しを目的とする債権である。**特定物**とは、取引においてその個性に着目して「この物」と特定した物である。したがって、特定物が滅失した場合、もはや引き渡すことができず、また、損傷してもこれに代わる物を引き渡すことはできなくなる（修理・修繕をすることは可能である）。特定物の代表は土地・建物などの不動産である。また、動産であっても、年代物の壺や掛け軸などのいわゆる骨董品の多くも特定物とみなしてよい（骨董品の場合は、壺や掛け軸であれば何でもよいというわけではない）。

　特定物債権の債務者は、特定物を引き渡す債務を負うが、引渡しまで「善良な管理者の注意」をもって保存する義務（一般に**善管注意義務**という）を負う（400条）。この善管注意義務は「自己の財産に対するのと同一の注意義務」（659条参照）より高度の義務であり、債務者は引渡しまでは細心の注意を払って目的物を保管しなければならないということである。したがって、債務者がこの義務に違反して特定物を滅失・損傷した場合、債務者は債権者に損害賠償をしなければならない（415条）。

　特定物を引き渡す場合、引渡しをすべき時の物の品質は第1に契約および社会通念に照らして決まる（483条）。たとえば、売主は契約内容に適合する物を引き渡す義務があるので、引き渡された目的物が契約で定めた品質を満たさなければ、買主は修理・補修等を請求できる（562条）。当事者双方の責めに帰す

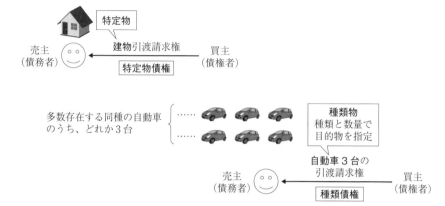

図表 7-1　特定物債権と種類債権

ることができない事由によって特定物が滅失すれば、履行不能になるので、債務者（売主など）は引渡し義務を免れる一方（412条の2第1項）、債権者（買主など）は反対給付の履行（代金支払）を拒絶できる（536条1項）。

⑷ 種類債権

　種類債権とは、**種類物の引渡しを目的とする債権**である。**種類物は不特定物**ともいい、取引において当事者が目的物を種類と数量で定めたものである（401条1項）。スーパーマーケットやコンビニエンスストアの商品、新品の自動車、電化製品など物の個性を重視しない大量取引される物がこれにあたる。

　種類債権の特徴は、同種の物が取引において流通している限り、履行が不能になるということはあり得ず、つねに調達して給付することが可能であり、かつ、その義務（調達義務）があることである。

　しかし、種類物であっても、現実に引き渡す段階ではどれか1つに定めて引き渡さなければならず、また、いつまでも債務者に調達の負担を課すのも酷なので、種類物の中から給付すべき目的物を確定する作業が必要であり、これを**種類債権の特定**という。

　特定があったとされる時期は、債権者の同意を得て給付すべき物を指定した

時または債務者が給付に必要な行為を完了した時である（401条2項）。たとえば、酒屋が顧客からビール1ケースの注文を受けて、指定された日時・場所にビールを持参して受領を促せば、（仮に顧客が受領を拒んだり、たまたま不在であったりしたとしても）特定はあったものとみなされる（債務者である酒屋はなすべきことをしており、給付に必要な行為を完了したといえるからである）。

　特定がなされると、以後、種類物は特定物として扱われるので、債務者は善管注意義務を負うほか、滅失によって引渡し義務を免れる一方、債権者は反対給付の履行を拒める。

(5) 金銭債権・利息債権

　金銭の支払を目的とする債権を**金銭債権**という。この場合、紙幣や貨幣という（紙や金属としての）物ではなく、その金銭に表象される価値そのものが重要である（コレクションの対象としての古銭などは物としての扱いを受ける）。

　金銭債権の例としては、貸したお金の返還を求める債権（貸金債権）、売主が買主に代金の支払を求める債権（売買代金債権）、労働者が会社に対して給料等の支払を求める債権（賃金債権）などがあるほか、債務不履行や不法行為に基づく損害賠償請求権も一種の金銭債権である。民法は金銭債権の履行（支払）方法について補充的な規定をおく（402条、403条）ほか、金銭債務の不履行についても特別の規定をおいている（419条）。

　利息の支払を目的とする債権が**利息債権**である。利息とは銀行からお金を借りた場合に元本（元金）に加えて利息も払うように、一定期間、元本を利用させてもらうことに対する対価である。あらかじめ利息を支払う旨の約束をしておかないと利息の請求はできないが（589条1項）、商人間の金銭の貸し借りにおいては法定利息（法定利率による利息）を請求できる（商法513条）。

　利息を支払う場合の利率は、契約で定められているのが普通であるが（**約定利率**という）、その定めがない場合や法律の規定により利息を支払うべきものとされている場合は、**法定利率**が適用される（404条）。この法定利率は現在、年3％であるが、3年ごとに利率を見直すことになっている（**変動利率制**）。

(6) 選択債権

　選択債権とは、債権の内容が数個の給付の中からの選択によって定まる債権のことをいう（406条）。たとえば、AがBに対し、A所有の甲地と乙地のどちらかを引き渡すという債務を負う場合である。種類債権との違いは、対象となる給付（目的物）に個性があるかどうかであり、同じ種類の物であれば何でもよいというのであれば種類債権であり、上記の例のように「甲地」か「乙地」のどちらかを選ぶという場合は選択債権になる。選択権は、特約がなければ第1次的に債務者にある（406条）。なお、選択の対象となる給付の内容は異なるものであってもよく、たとえば民法117条によれば、無権代理人の相手方は無権代理人に対して履行責任または損害賠償責任を追及できるが、これも一種の選択債権である。

3　債権の効力——履行の強制と債務不履行による損害賠償

(1) 債権の効力と履行の強制

① 債権の効力

　債権の効力はいろいろな意味で使われるが、重要なのは、債務が履行されない場合（**債務不履行**という）、債権者は債務者に対していかなる法的手段を行使しうるか、債権者はいかなる法的救済を受けられるかということである。

　債務者が債務を履行しない場合、債権者のとりうる手段は、次の3つの方法がある。第1に債務の履行を強制して債権を強制的に実現すること（**履行の強制**）、第2に債務の不履行によって債権者に損害が発生したとき、債権者が債務者に損害賠償を請求すること（**債務不履行による損害賠償**）、第3に契約に基づく債務の不履行にあっては、債権者が契約を解除し、契約の拘束から免れること（**契約の解除**）、である。履行の強制および債務不履行による損害賠償は本章で述べるが、契約の解除は10章で扱う。

　これ以外にも、債権が第三者に侵害されたときに、債権者が第三者に対して不法行為に基づく損害賠償等を請求することができるか（**債権侵害**）、また、債務者が自己の財産を減少させる行為をしたとき、債権者は債務者の財産を回復

させるために、債務者の権利を行使し、あるいは債務者の行為を取り消すことができるか（**責任財産の保全**）、ということが問題になるが（これらを債権の対外的効力という）、債権侵害は(5)で、責任財産の保全は8章で扱う。

② 履行の強制

債務者が債務を履行しない場合、債権者は債務者に履行を請求できる**履行請求権**を有する（412条の2第1項参照）。

しかし、履行請求しても債務者がそれに応じなければ債権は実現できない。そこで民法は、債務者が債務を任意に履行しないとき、**履行の強制**を認めることにより債権の強制的な実現を図っている（414条）。

ただし、民法414条が履行の強制を「裁判所に請求することができる」と述べているように、債権者が自力で強制的な方法をもって債権を実現することは原則として禁止されている（**自力救済［自力執行］禁止の原則**）。これを無制約に認めると、債権者が暴行・強迫などによって債務者から債権を取り立てるなど、債務者の人格を著しく傷つけるような弊害が生ずるからである。

履行の強制の方法には、直接強制、代替執行、間接強制があるが、民法414条はこれらができることを規定するにとどめ、詳細は**民事執行法**に委ねている。民法は債権の効力の観点から「履行の強制」という言葉を使っているが、民事執行法では手続的な観点から**強制執行**という用語が使用されている。

直接強制とは、物の引渡しや金銭の支払を目的とする債務において、債務者から目的物を取り上げて債権者に引き渡したり、債務者の財産を競売してその代金から金銭債権を回収したりするなど、債権を直接的に実現する方法である（民事執行法43条以下）。**代替執行**とは、作為を目的とする債務（人の行為を目的とする債務）で債務者以外の者でも履行が可能な債務（代替的債務という）について、債務者の費用をもって第三者に債務の内容を実現させる方法である（民事執行法171条）。**間接強制**とは、債務を履行しない場合、履行しない期間に応じて一定の金銭の支払義務を負わせることによって、間接的に債権を実現する方法で、主に債務者本人でないと実現できない債務（不代替的債務という）の履行を強制する方法である（民事執行法172条）。

(2) 債務不履行による損害賠償（要件）

① 損害賠償の意義・機能

　債務不履行とは、債務の本旨（ほんし）に従った履行をしないこと、または債務の履行が不能であることであり、債権者はこれによって生じた損害の賠償を請求できる（415条1項）。損害賠償は債務不履行に対する債権者の救済手段の1つであるが、履行の強制をしても債権者が完全な満足を得られない場合や履行の強制ができない場合などに、金銭で補償することにより債権者を満足させる機能を有する。たとえば、ある商品の引渡しが遅れた場合、履行の強制は可能であるが、遅れたことによる損失（遅延損害）は金銭で賠償してもらう必要がある。また、履行が不能であったり、契約が解除されたりした場合は、本来の履行の請求ができないので、これに代わる損害賠償請求をするほかない。

② 債務不履行による損害賠償の要件

　債務不履行を理由として損害賠償を請求するためには、債務者が債務の本旨に従った履行をしないこと、または履行が不能であることのほかに、損害の発生および債務不履行と損害発生との間の因果関係が必要である。ただし、債務の不履行が契約その他の債務の発生原因および取引上の社会通念に照らして債務者の責めに帰することができない事由によるものであるとき（**免責事由がある**とき）は、賠償請求権は発生しない（415条1項ただし書）。債務者は免責事由（帰責事由のないこと）を証明できれば、賠償責任を免れることができる。

　415条は、債務者が免責されるかどうかは契約および取引上の社会通念に照らして判断されるとしている。たとえば、ある地域に大地震が起こり、倉庫が全壊したために製品を出荷しなかったような場合、売主が免責されるかどうかは契約の趣旨などから判断されるので、何らかの方法で在庫品を確保でき、出荷することが可能であったのならば、免責が認められない場合もあり得よう。

③ 債務不履行の類型

　債務不履行を「履行遅滞」「履行不能」「不完全履行」の3類型に分類するのが伝統的な考え方であり、ここでもこの分類に従って説明することにし、これらに当てはまらない「その他の債務不履行」についても触れることにする。

（a）履行遅滞

　履行遅滞とは、履行期に履行が可能であるのに履行をしないことである。履行期（履行遅滞になる時期）は民法412条が規定する。たとえば3月31日までに借りたお金を返さなければならないというような**確定期限のある債務**は、確定期限の到来した時が履行期である（412条1項）。したがって、3月31日中に返せなければ履行遅滞になり、履行が遅れたことによる遅延損害の賠償責任が生ずる。また、**不確定期限のある債務**は、債務者が期限の到来後に履行請求を受けた時または期限の到来を知った時のいずれか早い時が履行期になる（412条2項）。不確定期限とは、将来、確実に到来するが、いつ到来するかが不確定である事実をいう。たとえば「○○が死亡した時」などがその例である（**条件**との違いに注意せよ）。さらに**期限の定めのない債務**は、債務者が履行請求を受けた時が履行期になる（412条3項）。

　このほか債権者は、履行遅滞を理由に履行の強制や契約の解除をすることができる。ただし、履行遅滞により解除する場合は、催告が必要となる（541条）。

（b）履行不能

　履行不能とは、契約その他の債務の発生原因および取引の社会通念に照らして履行が不可能なことをいうが（412条の2第1項）、物理的に履行が不可能な場合だけでなく、法律上または取引上において履行が不可能な場合（法律上の不能）も含む。たとえば、AがBに自己の土地を売却した後に、同じ土地をCに売却し、登記も移転した場合、原則として登記のないBはCに対抗できず、Cが確定的に所有権を取得することになるから（177条参照）、AのBに対する所有権移転義務を履行することができなくなるが、これも履行不能といってよい。

　また、建物が契約締結後に滅失した場合のように契約成立後に履行不能になる**後発的不能**と、契約締結時に契約目的物である建物が滅失していた場合のように契約成立時に履行不能であるような**原始的不能**に分類される。原始的不能であっても契約は有効に成立し、契約時に履行不能であったことは履行不能を理由とする損害賠償請求を妨げない（412条の2第2項）。

　履行不能は解除原因となるが、この場合、催告は不要である（542条）。

（c）不完全履行

不完全履行とは、履行は一応なされたが、給付が不完全で債務の本旨に従った履行といえないことである。たとえば、購入した食材が腐っていた、パソコンが不具合のため作動しない、診療ミスで病状が悪化したなど、契約の内容に適合しない場合である。

不完全履行においては、債務者の履行が可能である限り、完全履行請求権（追完請求権）が認められる（売買に関して562条1項参照）。たとえば、購入したパソコンに不具合がある場合は、修理や交換の請求ができる。なお、追完が可能である場合は催告（追完請求）をした上で解除でき、追完が不可能または無意味な場合は催告なしで解除できると解される。

（d）その他の債務不履行

このほか今日では、上記の3類型のいずれにも当てはまらない新しいタイプの債務不履行が登場してきている。これらに共通する特徴としては、債務不履行の根拠を契約上の合意でなく、信義則に求めていることである。よって、これらの債務不履行は、**信義則上の義務違反**と言い換えることも可能である。

債務には、引渡し義務や代金支払義務のような契約上債務者の義務として合意された義務（**給付義務**あるいは主たる義務という）以外にも、信義則に基づいて付随的に負う義務（**付随義務**）が存在することが指摘されている。以下、いくつか代表的なケースを検討してみよう。

まず、労働者が勤務中に大ケガをしたような場合につき、使用者（会社）は労働者の安全を配慮すべき義務（**安全配慮義務**）を負い、労働者は安全配慮義務違反を理由に使用者に対して損害賠償を請求することができる。安全配慮義務は、契約のような特別の関係にある当事者間において、当事者の一方が他方に対してその生命・身体を危険から防止するよう配慮すべき信義則上の付随義務である。すなわち、使用者は労働者に対して賃金支払義務だけでなく、雇用契約上の付随義務として安全配慮義務を負う。この義務は、雇用（労働）関係が典型的であるが、請負や在学関係においても問題となる（児童・生徒間のいじめなどについても学校側はこれを防止する安全配慮義務を負う）。

つぎに、ある契約を締結するに当たって交渉をしたが、結局、契約成立に至

らなかった場合、原則として互いに債権債務は生じないはずである。しかし、契約成立以前であっても、相手方に損害を与えてはならない信義則上の注意義務を負うというべきである。したがって、交渉が進み、契約成立への期待を相手方に抱かせたにもかかわらず、契約締結の直前になって交渉を破棄した場合は、この義務の違反（**契約交渉段階の注意義務の違反**または**契約締結上の過失**という）により賠償責任を負うことがある。

　さらに、契約の締結に当たって、当事者の一方が他方に対して商品やサービスの内容・リスクについて**説明義務**ないし**情報提供義務**を負うことがある。とりわけ、契約当事者が事業者（企業）と消費者である場合、情報量において格差があるのが普通であり、消費者は事業者から十分な説明を受けなかったり、誤った情報を提供されたりすることにより、望まない契約を結ぶ危険がある。消費者が契約を締結するかどうかを適切に判断し、損害を受けないようにするために、事業者などにこのような義務が課されるのである（なお、消費者契約法は、一定の場合に契約の取消権や契約条項の無効の主張を認めて、望まない契約をした消費者の救済を図っている）。

(3) 債務不履行による損害賠償（効果）

① 損害の意義および賠償の方法

　損害とは、簡単にいえば債務不履行によって債権者が被る不利益である。損害は債権者が経済的な不利益を被る**財産的損害**とそれ以外の**非財産的損害**（精神的損害ともいう）に大別されるが、債務不履行で問題となるのは、もっぱら財産的損害である。

　財産的損害には履行が遅れたことによって被る損害と履行がなされないことによって被る損害がある。前者に対する賠償を**遅延賠償**、後者に対する賠償すなわち履行に代わる賠償を**塡補賠償**という。塡補賠償を請求できるのは、履行が不能なとき、債務者が明確に履行拒絶の意思表示をしたとき、契約が解除され、または債務不履行による解除権が発生したときである（415条2項）。遅延賠償の例として借金の返済が遅れたことによる遅延損害金、家屋の引渡しが遅れたために借りたアパートの家賃相当額の賠償が、塡補賠償の例として売主の

過失によって建物が滅失した場合の建物価格相当額の賠償（代金未払のときは代金相当額を控除する必要がある）が挙げられる。

損害賠償は、金銭で賠償するのが原則である（417条）。この**金銭賠償主義**に対するものは原状回復主義であるが、当事者間の特約が必要である。

② 損害賠償の範囲

債務不履行によって生じた損害のうち、すべての損害について賠償責任を負わされるのは、債務者にとって酷であり、妥当ではない。そこで民法は、債務不履行から通常生ずべき損害（**通常損害**）について賠償責任を負い（416条1項）、特別の事情によって生ずる損害（**特別損害**）については、当事者が特別事情を予見すべきときに限り賠償責任を負うとする（416条2項）。

通常損害とは、債務不履行があれば社会通念上、定型的・類型的に生ずるとされる損害であるが、何が通常損害に当たるかは、当事者の職業、目的物の性質などから判断するしかない。たとえば、売主の債務不履行によって買主が転売利益を得られなかったことは、商人間の売買であれば通常損害といえようが、一般人同士の売買であれば特別損害と解される場合が多いだろう。

特別損害について賠償請求するためには、当事者が特別事情を予見すべき場合であったことが必要であるが、この予見すべき当事者は、判例によれば債務者であるとされる。たとえば、買主が第三者との間で通常より高い価格での転売契約を結んでいたところ、売主の債務不履行により損害賠償として転売利益相当分を請求するためには、この転売利益は特別損害に相当すると考えられるから、売主が特別事情である転売契約の存在を予見すべきであった場合でなければならない。

債務の不履行または損害の発生・拡大について債権者にも過失があるときは、裁判所はこれを考慮して賠償責任および賠償額を定めるとされ（418条）、賠償額が減額される。これを**過失相殺**という。たとえば、患者が医師の診療ミスを理由に病院に損害賠償を請求する場合において、患者も医師の指示を守らず、飲酒をしたり、その他不養生な行為を行ったりして病状が悪化したときは、過失相殺により賠償額が減額される。

③ 金銭債務の特則

　金銭債務の不履行による損害賠償については特別の規定が設けられている。

　まず、賠償の範囲については民法416条によるのではなく、法定利率（404条）で計算された金額が賠償額になり、約定利率が法定利率より高い場合は約定利率で計算される（419条1項）。たとえば1000万円を無利息で借り、返済期日より1年遅れて返済する場合、元本1000万円に加えて1000万円×3％＝30万円を損害賠償（遅延損害金）として払わなければならない（利息の定めがあり、利率が年10％と約定されている場合は、元本と利息のほかに1000万円×10％＝100万円の損害賠償を払う必要がある）。このように金銭債務の不履行による損害賠償の範囲が制限される反面、これについては損害の証明は不要である（419条2項）。

　つぎに金銭債務の不履行が不可抗力（大規模自然災害、戦災、社会的動乱など、当事者では制御できない力）によって生じたとしても、法定（約定）利率で計算された損害額の賠償責任を免れることはできない（419条3項）。

④ 賠償額の予定

　債務不履行による損害賠償の請求をするには、損害額を証明しなければならないが、実際には困難な場合が多い。そこで、あらかじめ契約で債務不履行について**賠償額の予定**をすることができ（420条1項）、この場合、債権者は債務不履行の事実さえ証明できれば、損害額を証明しなくても予定賠償額を請求できる。実際の損害額が予定賠償額を下回っても予定賠償額を請求できるし、実損額が予定賠償額を上回っても予定賠償額しか請求できない。

　賠償額の予定に類似する概念として**違約金**があるが、民法はこれを賠償額の予定と推定している（420条3項）。実損害についての賠償のほかに制裁金としての違約金（違約罰という）も請求しようとする場合は、債権者はこれが違約罰であることを証明しなければならない。

　しばしば過大な賠償額の予定がなされることが多いが、民法90条（公序良俗違反の法律行為の無効）の適用のほか、特別法によって賠償額の予定または違約金の額が制限されていることも多い（利息制限法4条、消費者契約法9条など）。

(4) 受領遅滞

債務者が履行をしようとしても、債権者が受領その他の協力をしなければ、債務は消滅しない。そこで民法は、債務者が**弁済の提供**（9章参照）をすれば債務者は不履行の責任を免れるとするとともに（492条）、債権者が履行を受けることを拒絶し、または受けることができない場合（これを**受領遅滞**という）、債権者は次のような不利益を負うものとしている。

まず、特定物債権における債務者は善管注意義務をもって目的物を保管しなければならないが（400条）、債権者の受領遅滞がある場合は、自己の財産に対するのと同一の注意義務に軽減され（413条1項）、債務者が特定物を損傷しても、故意または重過失がない限り、賠償責任を負わないことになる。また、受領遅滞により保管費用などの履行のための費用が増加した場合は、債権者が増加費用を負担する（413条2項）。さらに、受領遅滞中に目的物が滅失した場合は、当事者双方に帰責事由がなくても、債権者の責めに帰すべき事由による履行不能とみなされるので（413条の2第2項）、債権者は反対給付（代金・報酬の支払）の履行を拒むことができなくなる（536条2項）。

これ以外に債権者の受領遅滞を理由に債務者は損害賠償請求あるいは契約の解除ができるかが議論されている。判例・通説は、基本的にこれを否定し、上記の民法413条の責任を負うにすぎないとしている（**法定責任説**）。これとは反対に債権者も受領義務を負い、受領義務違反の効果として債務不履行による損害賠償責任等を認める考え方（**債務不履行説**）もある。

(5) 第三者による債権侵害

① 不法行為の成否

債権は、特定の者（債務者）に対する請求権なので、債務者以外の第三者に対しては主張できないのが原則であるが（債権の相対性）、債権も権利である以上、第三者がこれを侵害してよいわけではない。したがって、債権が故意・過失をもって第三者に侵害された場合、不法行為による損害賠償（709条）を請求することができると一応はいえる。

しかし、それが無条件に認められるかというとそうではない。たとえば、会

社Aの幹部従業員であるBがライバル会社Cに引き抜かれたとしよう。BはA
に対して労働に従事する義務を負っており（623条）、CによるBの引抜きの結
果、Aの業績が低下した場合、Cは、AのBに対する債権を故意・過失により
侵害して損害を与えたという理由でAに対して損害賠償責任を負うのであろう
か。有能な人材を引き抜くことは自由競争の範囲内の行為として許容されるべ
きであり、また、Cの勧誘によりBが転職することは職業選択の自由（憲法22
条1項）の観点からも何ら責められるべきことではない。したがって、このよ
うな引抜き行為は、原則として不法行為にならないと解すべきであろう。

　また、判例は、不動産の二重売買において、最初の売買を知りながら、同一
不動産を買受け、登記も経由した第2買主は、第1買主に対して不法行為によ
る損害賠償責任を負わないとする。この場合も、第2買主の行為が自由競争の
範囲内のものであって違法性がないからだと説明できる。

② 債権に基づく妨害排除請求等

　債権が侵害された場合、債権に基づく妨害排除請求や返還請求が認められる
であろうか。妨害排除請求等が問題となるのは、第三者によって債権の行使が
妨害されている場合であるので、実質的には不動産賃借権のように占有を伴う
債権においてのみ問題となる。

　ところが、不動産賃借権は債権であり、絶対性・排他性がないから、第三者
が賃借不動産を不法に占有していても、債権である賃借権に基づいて妨害排除
請求等をすることはできないことになる（もっとも、賃借人は、賃借不動産を占有
しているときは占有訴権により（198条参照）、それ以外の場合は債権者代位権（423条）を
用いて賃借不動産の所有者である賃貸人の物権的請求権を行使することによって（8章
1(2)参照）、妨害排除請求等をすることはできる）。

　しかし判例は、対抗力のある賃借権に基づく妨害排除請求を認める。その理
由は、対抗力のある賃借権は実質的に物権と同一の効力をもつからだとする。
対抗力のある賃借権とは、賃借権の登記（605条参照）のある賃借権や借地借家
法10条、31条などによる対抗要件を備えた賃借権である。民法は判例法理を明
文化し、対抗力のある不動産賃借権に基づいて第三者に対する妨害停止請求お
よび返還請求を認めている（605条の4）。

8章 債権総論（2）
責任財産の保全・多数当事者の債権債務関係

1 責任財産の保全——債権者代位権と詐害行為取消権

⑴ 責任財産の保全

① 強制執行と責任財産

債務者が債務を履行しない場合、債権者は履行の強制（強制執行）をすることができる（**7章**参照）。たとえば、AがBに1000万円を貸していたが、期日が到来し催告しても返さない場合、AはBの財産に対して強制執行をして貸した1000万円を取り立てることができる。しかし、Bに十分な財産（資力）があればよいが、資力がなければ貸したお金を回収できなくなる。

債権者が債権回収のため強制執行をする場合、その引当となる債務者の財産のことを**責任財産**という。責任財産が十分でなければ債権を回収できなくなるから、債権者にとって責任財産が維持されることが必要である。

② 強制執行の準備としての責任財産保全制度

ところが、債務者が責任財産の維持に無関心で放置していると、財産が減少する事態が生ずる。また、債務者は債権者からの強制執行を回避するため、意図的に責任財産を減少させる行為をすることも少なくない。この場合、債権者は債務者の財産関係に勝手に介入することはできないはずであるが、これを認めないと債権者は債権を回収できないという弊害が生ずる。

そこで民法は、一定の条件のもとで債務者の権利を行使したり、債務者の行為を取り消したりする権限を債権者に与えた。これを**責任財産の保全**といい、民法は債権者代位権（423条）と詐害行為取消権（424条）を認めている。これらの権利の行使により、責任財産の減少を防止し、または回復して、債権者による強制執行の準備をするのがこの制度の目的である。

⑵ 債権者代位権

① 意義・要件

債権者代位権とは、債権の保全の必要がある場合、債権者が債務者の権利を行使できる権利である（423条1項）。たとえば、AがBに1000万円を貸していたが、Bの財産はCに対する債権1000万円のみで、他にはめぼしい財産がない場合を考える。Bが期限の到来にもかかわらず返さないとき、Aは債権者代位権の行使としてBに代わってCから債権を取り立てることができる。しかし、Bに他にも十分な財産があるときはそこから回収すればよいので代位権の行使を認める必要はない。すなわち、「債権の保全の必要性」とは**債務者が無資力**であることを意味する。

また、債権者代位権は強制執行の準備をするものであるから、自己の債権（**被保全債権**という）が強制執行可能なものであること（423条3項）と、被保全債権の期限が到来していること（423条2項）が必要である。ただし、未登記の権利を登記するような保存行為については期限到来前でも行使できる。

債権者が行使できる債務者の権利（**被代位権利**という）の範囲はとくに制限はないが、債務者の一身に専属する権利（**一身専属権**と略称される）と差押えが禁止されている権利は被代位権利とならない（423条1項ただし書）。たとえば、離婚に伴って配偶者に財産分与を求める権利や不法行為の加害者に対する慰謝料

図表8-1　債権者代位権

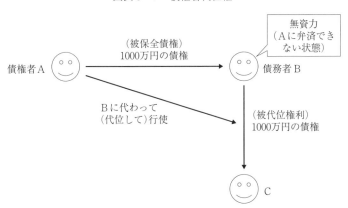

97

請求権などはこれを行使するかどうかは債務者自身の意思に委ねられるべき一身専属権であるから、債権者は行使することはできない。

② 行使の方法・範囲

債権者代位権は、裁判上でも裁判外でも行使することができる。また、行使できる権利の範囲は、それが可分なときは（たとえば金銭債権など）、自己の債権の範囲内に限られる（423条の2）。Aが自己の500万円の債権の保全をするために、債務者BのCに対する債権を取り立てる場合、Bの債権が1000万円であったとしても、Cからは500万円の限度でしか取り立てることができない。

このとき、債権者であるAはCに対して自らに支払うよう求めることができる（423条の3）。これを認めないと債務者であるBが金銭を受領しない場合に代位権の目的を達成できなくなるからである。

なお、CがBに対して主張できる抗弁（同時履行の抗弁（533条）など）があれば、それをAに主張し、履行を拒絶できる（423条の4）。

③ 行使の効果

債権者代位権行使の効果は債務者に帰属し、債務者に回復された財産は**総債権者のための共同担保**となる。したがって、代位権の行使によって代位債権者が優先的な権利を有するものではない。Bに対して1000万円の債権を有するAが、BのCに対する1000万円相当の動産の引渡し債権を行使して、動産の引渡しを受けたとする。しかし、Aがそこから債権を回収するためには、その動産に対して強制執行をして、その競売代金から回収することになる。A以外にたとえばDもBに対して1000万円の債権を有している場合、Aは債権額に応じた額すなわち500万円しか回収できない。

しかし、被代位権利が金銭債権であった場合、上記の例でいえば、AがBのCに対する1000万円の債権を取り立てた場合、AはCから受領した1000万円をBに返還する義務がある一方、AもBに1000万円の債権を有しているので、Aはこの債権をもってBに対する返還債務と相殺することにより（505条参照）、実質的に債権を回収できることになる（**事実上の優先弁済**）。

④ 債権者代位権の転用

債権者代位権は、責任財産の保全の目的すなわち金銭債権の保全のために行

使されるのが本来の趣旨であるが、金銭債権以外の債権（非金銭債権あるいは特定債権という）を実現するためにも利用されている。代位権の本来の目的とは異なる目的で利用されるものであるから、これを**債権者代位権の転用**という。

　この転用のケースにおいては責任財産の保全は問題とならないので、代位権行使の要件としての債務者の無資力（無資力要件）は不要である。

　転用の例の第1は、登記・登録請求権の代位行使である。ある不動産の所有権が、C→B→Aと順次、移転されたが、登記はまだCのもとにあるとしよう。AがCに対して直接、登記の移転を求める中間省略登記の請求は物権変動のプロセスを現すものでないとして原則として認められていない。そこで、BがCに対する登記請求権を行使しないとき、AはBのCに対する登記請求権を行使することができ、最終的に自己への移転登記を実現することができる（423条の7）。

　転用の例の第2は、不動産賃借人が賃借不動産の不法占有者に対して妨害排除または返還を請求する場合である。**7章**で述べたように、判例は賃借権に対抗力がなければ賃借権に基づく妨害排除・返還請求を認めない（605条の4参照）。そこで、対抗力のない不動産賃借人は債権者代位権により、賃貸人たる不動産所有者の不法占有者に対する妨害排除・返還請求権（所有権に基づく物権的請求権である）を行使することができ、不法占有者に対する明渡しを実現することができる。

(3) 詐害行為取消権

① 意　義

　詐害行為取消権とは、債務者が債権者を害する行為をしたとき、債権者がその行為の取消しを裁判所に請求することができる権利である（424条1項）。たとえば、債務者が他にめぼしい財産もないのに、自己の唯一の不動産を第三者に贈与して無資力になったとき、債権者はその贈与を取り消して責任財産を回復できる（回復された責任財産に対し強制執行をすることにより債権を回収する）。

　債務者の行為を取り消すという強力な権利であること、そのために必ず裁判上で行使しなければならないこと、転用がないことなどが特徴である。

②要　件

　詐害行為取消権を行使できる要件として、取消しの対象となる債務者の行為が財産権を目的とする行為であること、債権者を害する行為（詐害行為）であること、債務者が債権者を害することを知っていたこと、**受益者**（債務者の行為によって利益を受けた者）と**転得者**（受益者から財産の移転を受けた者）が詐害行為であることを知っていたことが必要である。

　財産権を目的としない債務者の行為は取消しの対象とならない（424条2項）。婚姻・養子縁組などの家族法上の行為がこれに当たる。問題なのは、財産の変動を伴う場合である。たとえば、離婚に伴う財産分与や慰謝料の支払は、原則として取り消すことはできないが、これらの行為に仮託して不相当に過大な財産分与あるいは慰謝料の支払約束をすることは詐害行為になる。

　債権者を害する行為（詐害行為）とは、その行為によって債務者が無資力になり、債権の満足を得られないようになる行為である。要するに債権者代位権と同じく債務者の無資力要件が必要とされる。

　また、債務者が債権者を害することを知っていることが必要であるが、その行為によって債権の満足を得られなくなることを認識していれば足り、特定の債権者を害する意図は不要とされる（ただし、③で述べるように債権者を害する意

図表8-2　詐害行為取消権

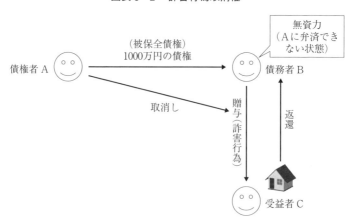

図が要求される場合もあることに注意）。

　受益者と転得者の悪意も必要である。詐害行為取消権はいったん有効に成立した行為（契約）を取り消すものであるから、取引の安全を害する。受益者が善意のときはそもそも詐害行為取消請求ができず、受益者が悪意であって転得者が善意の場合は、転得者に対する取消請求は認められない。

　債務者の行為が詐害行為かどうか、すなわち取消しが認められるかどうかは、客観的要件（行為の詐害行為性）と主観的要件（債務者および受益者・転得者の悪意）から判断されるが、総合的・相関的に詐害性を判断しなければならない場合があることに注意すべきである。以下、問題となるケースをとりあげる。

③詐害行為の判断において問題となるケース

　まず、**相当な対価を得て財産を処分する行為**、たとえば不動産を時価相当額の代金額で売却する行為は、債務者がその対価である代金等を隠匿する意思をもって処分した場合は詐害行為となるが、そうでない限り取り消すことはできない（424条の2）。たしかに不動産その他の財産を売却して得た金銭が消費・隠匿される可能性はあるが、債務者が自己の財産を処分して得た資金をもって経済的更生を図ることは別段、否定されるべきことではないからである。

　つぎに、債務者が**一部の債権者**に対して**債務の弁済**をする行為は、たしかに特定の債権者に弁済することにより他の債権者が弁済を受けられなくなって不公平であるともいえるが、弁済そのものは債務者の義務的行為であり（弁済しなければ債務不履行責任を問われる）、弁済により債務者の積極的財産は減少するものの、消極的財産（債務）も減少するので、責任財産全体としては変化がないので、詐害行為には当たらないといえる。ただし、債務者が支払不能であるのに一部の債権者と通謀して他の債権者を害する意図をもって弁済したときは、詐害行為として取り消すことができる（424条の3）。

④行使の方法・範囲

　詐害行為取消権は必ず裁判所に請求しなければならない。有効に成立した行為を取り消すので慎重な審理が求められるからである。

　債権者代位権と同様に、債務者の行為の目的が可分であるときは、自己の債権の範囲内でのみ取消請求が認められる（424条の8）。

取消請求の相手方（被告）は受益者または転得者であり（424条の7第1項）、債務者は相手方とならないが、債権者は債務者に訴訟告知をしなければならない（424条の7第2項）。債権者が受益者に対して取消請求する場合は、取消しとともに受益者が債務者から取得した財産の返還（現物返還）を請求でき、現物返還が困難なときはその価額の償還を請求することができる（424条の6第1項）。転得者に対して取消請求をする場合も同じである（424条の6第2項）。

⑤ 行使の効果

詐害行為取消請求を認める判決は**債務者とすべての債権者に効力が及ぶ**（425条）。すなわち、取消権の行使の結果、債務者に回復された財産は**総債権者のための共同担保**となる。

たとえば、債務者Bが受益者Cに自己の不動産を贈与し、登記も移転したのを債権者Aが取り消した場合、不動産はBに回復され（B名義の登記に復帰する）、すべての債権者のための責任財産になるのであって、これをA名義に登記を移転することは認められない。

しかし、債務者の弁済が詐害行為に当たるとして取り消され、債権者が受益者から金銭の支払を受けた場合、この金銭を債務者に返還しなければならないが、債権者代位権の場合と同様に、取消債権者は、債務者に対する債権とこの金銭の返還債務を相殺することにより事実上の優先弁済を受けられることになる（債権者は受益者から受領した金銭を他の債権者に分配する義務はない）。

2　多数当事者の債権債務関係——連帯債務と保証債務

(1) 多数当事者の債権債務とは

① 分割主義の原則とその問題点

債権者または債務者が数人いる場合の債権債務関係を多数当事者の債権債務関係という。これには、債権者が複数の場合（A、B、Cが債務者Sに対して債権を有している場合）と債務者が複数の場合（A、B、Cが債権者Gに対して債務を負っている場合）が考えられる。前者において各債権者は債務者に対して債権の全額を請求できるのか一部しか請求できないのか、後者において各債務者は

債権者に対して全額弁済をする義務を負うのか一部のみ弁済すればよいかが問題となる。

　民法は、原則として各債権者または債務者は等しい割合で権利を有し、または義務を負うとしている（427条）。すなわち、各債権者は債権者の数で分割された額しか請求できず（分割債権という）、各債務者は分割された額のみ債務を弁済すればよい（分割債務という）ということである。

　しかし、この原則（分割主義）を適用すると、債務者のうち支払ができない者がいる場合、債権の全額を回収できなくなる。債権者が複数の者に債務を負わせているのは、債務者の1人から債権を回収できなくても、資力のある債務者から回収できるという期待があるからである。このように複数の者に支払義務を負わせることによって債権の回収を確実にすること、またはその手段を**人的担保**という（担保そのものまたは人的担保と物的担保については、**6**章参照）。そこで通常は、すべての債務者に全額弁済の義務を負わせる連帯債務の特約を結んだり、債務者が債務を履行しない場合に代わりに履行する義務を負う保証人を立てたりして、債権を確実に回収しようとしている。

② 不可分債権と不可分債務

　債権の目的（対象）が性質上、分割できない債権および債務が存在する。これを**不可分債権**（428条）および**不可分債務**（430条）といい、後述の連帯債権および連帯債務の規定が準用される。

　たとえば、A、BがSから共同で1台の自動車を購入した場合、A、BはSに対して自動車の引渡し債権を有するが、これは不可分債権であるので、A、BのいずれもSに自動車の引渡しを請求することができ、SはA、Bのいずれか一方に引き渡せば免責される（428条による432条の準用）。また、A、Bが共同で所有する1台の自動車をGに売却した場合、A、BはGに対して自動車の引渡し債務を負うが、これは不可分債務であるので、GはA、Bのいずれに対しても自動車の引渡しを請求することができ、AまたはBのいずれか一方が自動車を引き渡せば、債務は消滅する（430条による436条の準用）。

⑵連帯債務

①意　義

　債権の目的が性質上可分であっても（金銭債権が典型）、各債務者が債務の全部を履行しなければならない義務を負う多数当事者の債務を**連帯債務**という（436条）。すなわち連帯債務の債権者は連帯債務者全員に請求してもよいし、任意の資力のある連帯債務者だけに請求することもできる。もちろん、連帯債務者の1人が全額弁済すれば、他の連帯債務者は債務を免れるのであって、債権者が二重に（多重に）弁済を受けられるわけではない。

　債権者は連帯債務者の1人が無資力になっても他の資力ある連帯債務者から債権を回収できるので、連帯債務は人的担保としての機能を果たしている。

　一方、連帯債務者相互間では互いに債務を分担するのが普通である。この連帯債務者間の負担割合または負担額を**負担部分**という。負担部分は通常は連帯債務者間で決められているはずであるが、そうでない場合は均等な割合で負担すると推定すべきである。

②成　立

　連帯債務は、当事者の意思表示すなわち契約によって生ずるのが一般であるが（連帯特約がある場合）、法令の規定によっても生ずる（436条）。たとえば、共同不法行為の加害者は被害者に対して連帯して賠償責任を負うが（719条）、この加害者の賠償義務は連帯債務と理解されている。

　また、連帯債務者の1人について無効または取消し原因があったとしても他の連帯債務には影響を及ぼさない（437条）。保証債務と異なる点である。

③連帯債務者の1人に生じた事由

　連帯債務者の1人が弁済すれば、弁済した部分については他の連帯債務者は債務を免れる。このように連帯債務者の1人に生じた事由が他の連帯債務者に影響を及ぼすかに関し、弁済のように他の連帯債務者に影響を及ぼす事由を**絶対的効力事由**といい、及ぼさない事由を**相対的効力事由**という。

　弁済以外の絶対的効力事由として民法は、更改（438条）、相殺（439条）および混同（440条）を挙げ、それ以外の事由は相対的効力しかない（441条）。連帯債務者の1人が債権者に対して債権を有していれば、その債権をもって相殺す

ることができ、相殺した額だけ他の連帯債務者も債務を免れる。しかし、債権者が連帯債務者の1人の債務を免除したとしても、免除は相対的効力しかないから他の連帯債務者の債務額は変わらない（債権者と連帯債務者間で特約を結ぶことにより他の連帯債務者にも影響を及ぼすことは可能である）。

④ 求　償

連帯債務者の1人が債務を弁済した場合、他の連帯債務者に対して負担部分に応じて**求償**することができる（442条）。A、B、CがGに対して900万円の連帯債務を負い、負担部分が等しい場合において、Aが900万円全額を弁済したとき、AはB、Cに対して300万円ずつ求償することができる。Aが300万円しか弁済しなかった場合でも、B、Cに対して100万円ずつ求償できる（Aの負担部分を超えて弁済した場合にのみ求償できるのではない）。

⑤ 連帯債権

金銭債権のように債権の目的が性質上可分である債権を複数の者が連帯して有する多数当事者の債権を連帯債権といい、各連帯債権者は債務者に対して債権の全額を請求することができ、債務者は連帯債権者の1人に弁済すれば債務を免れることができる（432条）。

(3) 保証債務

① 意義・性質

保証とは、債務者（**主たる債務者**という）が債務を履行しない場合、**保証人**が代わりにその債務を履行する責任を負うことをいう（446条1項）。主たる債務者が債権者に対して負う債務を**主たる債務**、保証人が債権者に対して負う債務を**保証債務**という。たとえば、BがAから100万円借りる際にCに保証人になってもらったが、BがAに借金を返済できなかったときは、Bに代わってCが支払わなければならない。

保証は、債権者が簡易に債権を回収する手段（人的担保）として利用され、なかでも**連帯保証**は頻繁に利用されている。保証債務をめぐる問題は、**保証人の責任が過大になる危険**があるということである。知人に頼まれて軽い気持ちで保証人を引き受けたところ、知人の財産状態が悪化して借金を返済できなく

なり、保証人が代わりに借金を背負わされるということはしばしば起こる話である。これを防ぐためには、**保証の危険性を保証人が認識し、保証意思を確認することが必要**である（保証人の保護策については後述する）。

保証債務にはまず、主たる債務が成立しなければ保証債務も成立しない、主たる債務が消滅すれば保証債務も消滅するという付従性がある。

つぎに、主たる債務者がまず第1次的に履行すべきであり、保証人は主たる債務者が履行しないときに履行すればよいという補充性がある。

そのほか、主たる債務者に対する債権が譲渡されれば、保証人に対する債権も一緒に移転するという随伴性も保証債務の性質である。

② 成　立

保証債務は債権者と保証人の契約によって生ずる。主たる債務者に依頼されて保証人になるのが普通であるが、主たる債務者の同意は不要である。

保証契約は、**書面でしないと効力を有しない要式契約**である（446条2項）。保証人の保証意思を確認するためである。

保証人の負担は主たる債務者より大きいものであってはならず、仮に大きければ、主たる債務者の責任まで減縮される（448条）。

③ 保証人の抗弁

債権者から保証人に対して保証債務の履行を求められたとき、保証人がそれを拒める場合がある（保証人の抗弁）。

まず、補充性に基づく抗弁として催告の抗弁と検索の抗弁がある。**催告の抗弁**とは、債権者が主たる債務者に履行を請求しないで、いきなり保証人に請求してきた場合、まず主たる債務者に催告をすべき旨を請求して履行を拒絶できる権利である（452条）。

催告の抗弁に対して債権者が主たる債務者に催告して改めて保証人に請求すれば保証人は履行を拒絶することはできないが、保証人が主たる債務者に弁済の資力があり、執行が容易なことを証明すれば、債権者が主たる債務者の財産に対して強制執行するまで、保証人は履行を拒絶できる。これを**検索の抗弁**という（453条）。

ただし、**連帯保証の場合は保証人にこれらの抗弁権はない**。すなわち、主た

る債務者が債務を履行しないとき、債権者は連帯保証人に対して直ちに請求し、その財産に対して強制執行することが可能である（454条）。要するに連帯保証は補充性のない保証である。

　これ以外に保証人は**主たる債務者が有する抗弁を債権者に対しても主張することができる**（457条2項）。これは付従性に基づく抗弁といってもよい。たとえば、主たる債務がすでに弁済や時効により消滅しているときは、保証人はその旨を債権者に対して主張して保証債務の履行を拒むことができる。また、主たる債務者が債権者に対して債権を有し、相殺ができる場合、保証人はその限度で保証債務の履行を拒むことができる（457条3項）。

　④ **主たる債務者または保証人に生じた事由**

　主たる債務者に生じた事由は保証人にどのような影響を与えるか、また、保証人に生じた事由は主たる債務者にどのような影響を与えるだろうか。これに関しては、**主たる債務者に生じた事由は原則として保証人に影響を及ぼし、保証人に生じた事由は原則として主たる債務者に影響がない**といえる。

　主たる債務者に対する履行の請求その他の事由による時効の完成猶予（147条1項および150条1項など参照）および更新（147条2項など参照）は、保証人に対しても効力が及ぶ（457条1項）。したがって、債権者が主たる債務者に対して裁判上または裁判外で履行の請求をすれば、主たる債務だけでなく保証債務の時効完成が猶予され、主たる債務者に対する請求を認める判決が確定すれば、主たる債務者だけでなく保証人についても時効が更新される。

　これに対して保証人に生じた事由は主たる債務者に影響を及ぼさないので、たとえば、保証債務につき時効の完成猶予や更新の事由が生じても、主たる債務の時効の完成が猶予されたり、更新されたりすることはない。

　⑤ **求　償**

　保証人が主たる債務者に代わって債務を履行した場合は、保証人にとって実質的に他人の債務の弁済なので、保証人は主たる債務者に対して求償することができる（459条）。ただし、主たる債務者から委託を受けないで保証人になった場合（462条）や事前に主たる債務者に通知しないで弁済したり、弁済した後に通知しなかったりした場合（463条）、求償できる範囲が制限されたり、求償

できなかったりすることがある。

⑥ 保証人の保護策

　以上のとおり、保証人の責任は重く、とりわけ個人が保証人になる場合、保証人自身の生活が破綻に追い込まれるような過酷な事例が報告されてきた。そこで民法は、事業に関する貸金等の債務について個人が保証人となる場合、**公正証書の作成を要求し**、そこにおいて保証人の保証意思が表示されていなければ保証債務は効力を有しないとした（465条の6）。また、いわゆる**個人根保証契約**（一定の範囲に属する不特定の債務につき個人が保証する契約）について、**極度額**（保証人が弁済する責任を負う債務の限度額）の定めをおくべきなど様々な規制を行っている（465条の2）。

9章 債権総論（3）
債権譲渡・債務の引受けと契約上の地位の移転・債権の消滅

1 債権譲渡

(1) 債権の譲渡性と制限

① 債権の譲渡性

たとえば、AがSに対して商品を代金1000万円で売ったが（AはSに対して1000万円の債権を有する）、代金支払日が3カ月後とされた場合、支払日が到来するまでは、AはSに代金の支払を請求することができない。このような場合、AはSに対する債権を第三者（B）に売却（譲渡）することによって現金を手に入れることができる。これを**債権譲渡**といい、債権を譲渡する側（A）を**譲渡人**、債権を取得する側（B）を**譲受人**という。これにより債権がAからBへ移転する。

債権も一種の財産と考えられるので、あたかも物を売るように第三者に譲渡することができることを民法は認めている（466条1項）。もちろん性質上、譲渡できない債権もあり、また、法律上、譲渡が禁止・制限されている債権もある（466条1項ただし書）。

② 譲渡制限特約のある債権

債権者と債務者間の特約により、譲渡を禁止または制限することもできる（この特約を**譲渡制限特約**という）。

では、債権者がこの特約に反して債権を譲渡した場合、譲受人は債権を取得す

図表9-1　債権譲渡

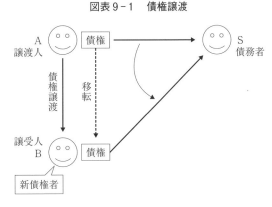

ることができないであろうか。民法は、譲渡制限特約があっても債権譲渡は有効であると明言し（466条2項）、譲受人を保護している（譲受人は債務者に対して履行を請求することができる）。

なお、譲渡制限特約を知り、または重過失により知らなかった譲受人等に対しては、債務者は債務の履行を拒絶することができる（466条3項）。

(2) 債権譲渡の対抗

① 債権譲渡の成立要件と対抗要件

債権譲渡は、譲渡人と譲受人による契約（債権譲渡契約）によって成立する。債務者の同意は不要である。債権者（譲渡人）は債務者の意向にかかわらず債権を譲渡することができるが、譲受人が譲渡人から取得した債権に基づき債務者に履行を求めるためには、譲渡人が債務者に対して通知をするか、債務者が承諾する（同意という意味での承諾ではなく、債権譲渡を知った旨を表明することをいう）ことが必要である（467条1項）。**債務者に対する通知または債務者の承諾が、譲受人が債務者に対して権利を行使するための要件（債務者に対する対抗要件）となっているのである。**

② 債務者の抗弁

AがSに対する売買代金債権をBに譲渡し、Sにその旨を通知したが、Sがそれ以前に代金を支払っていた場合、Bから支払を求められたSは、Bに改めて支払わなければならないだろうか。このとき、SはAに債務を弁済し、債権は消滅しているはずであるから、そのことを譲受人のBに主張し、支払を拒絶することができると考えるのが当然である。民法も、債務者は対抗要件が具備される時（通知または承諾の時）までに譲渡人に対して生じた事由をもって譲受人に対抗することができるとしている（468条1項）。

また、民法は、対抗要件の具備時までに債務者が譲渡人に対して債権を取得した場合は、その債権による相殺をもって譲受人に対抗することができるとして、相殺権の行使を幅広く認めている（469条1項）。

③ 債権の二重譲渡

AがSに対する債権をBに譲渡した後、同じ債権をCにも譲渡した場合、す

なわち、債権の二重譲渡がなされた場合、BとCのいずれが債権を取得するのであろうか。この場合、所有権の二重譲渡のような問題が生ずるのであるが、所有権の場合は、登記または引渡しという対抗要件（177条、178条）を備えたかどうかで決するものであることは先にみたとおりである（5章参照）。

　民法は債権譲渡に関し、確定日付のある証書によって通知または承諾することをもって債務者以外の第三者に対する対抗要件としている（467条2項）。確定日付のある証書とは、文書の作成日が公の機関によって証明でき、日付の変更ができないような文書をいい、公証人の作成にかかる公正証書や内容証明郵便がその例である（民法施行法5条参照）。上記の例でBへの譲渡については普通郵便でAがSに通知したのに対し、Cへの譲渡については内容証明郵便でSに通知した場合、Cが債権を取得する。

　では、双方の譲渡がいずれも確定日付のある証書によって通知がなされた場合はどうであろうか。判例は、確定日付のある証書による通知が先に債務者に到達した債権譲渡の譲受人が債権を取得するとしている（到達時説という）。確定日付の先後で優劣を決すべきという考え方（確定日付説という）もあるところ、判例が到達時説をとる理由は、債務者に対する通知によって債務者が債権譲渡の事実を認識し、それを通じて債務者以外の第三者も債権譲渡を認識することが可能になるので、債務者が債権譲渡を認識した時点すなわち通知が到達した時点が優劣を決める基準となるからである（債務者以外の第三者が債権譲渡に関する正確な情報を得るためには債務者に問合せをすればよい）。

　確定日付のある証書による双方の通知が債務者に同時に到達した場合はどうであろうか。判例は、同時到達であることを理由に債務者は譲受人からの履行の請求を拒むことはできないが、譲受人の1人に対して弁済すれば、他の譲受人との関係では責任を免れるとする。また、双方の通知の到達の先後が不明という理由で債務者が弁済金を供託した場合、判例は、各譲受人は公平の原則に基づき供託金還付請求権（債権者が供託所に対して供託金の支払を求める権利）につき譲受債権額に応じて分割取得するという。

2 債務の引受けと契約上の地位の移転

(1) 債務の引受け

① 意　義

債権者が交替する債権譲渡があるように、債務者が交替する**債務の引受け**という制度がある。あるデパートが自己の支店の１つを他のデパートに譲渡するケースを考えてみよう。デパートは、商品の納入など、メーカーや卸売店と様々な取引を行っている。デパートは取引先に対して商品の納入を求める債権を有する一方、これらの商品の代金を支払う債務を負っている。デパートがある支店を他のデパートに譲渡する場合、取引先に対する債権を譲渡するとともに、取引先に対する債務も引き受けてもらわなければならない。

② 種　類

債務の引受けには、**引受人が債務者と連帯して債務者が負担する債務と同一内容の債務を引き受ける併存的債務引受**（470条１項）と、引受人が債務者の負担する債務と同一内容の債務を引き受け、債務者が自己の債務を免れる**免責的債務引受**（472条１項）がある。

併存的債務引受は債務者と引受人が連帯債務（⑧章参照）を負うので、債権者のメリットにもなる。債権者と引受人の契約のほかに、債務者と引受人の契約（債権者の承諾によって効力が発生）によっても成立する（470条２項、３項）。

免責的債務引受は債務者が免責され、債務の履行は引受人の資力にかかってくる。債権者と引受人の間で契約をするか、債務者と引受人の契約に債権者が承諾することが必要である（472条２項、３項）。

(2) 契約上の地位の移転

単に契約から生ずる債権や債務を移転するのではなく、債権債務のもととなる契約上の地位（売主・買主、賃貸人・賃借人、保険契約者たる地位など）そのものを第三者に移転することを**契約上の地位の移転**という。

たとえば、スーパーマーケットＡが卸売店Ｂから継続的に商品を仕入れてい

たが、Aが廃業してCに事業を継承してもらう場合、AのBに対する取引関係
をCに引き継いでもらわなければならない。この場合、Aの買主としての地位
をCに移転することになるが、これにはAとCの間の契約上の地位を譲渡する
旨の合意のほかに、契約の相手方（売主）であるBの承諾が必要である（539条
の2）。なぜなら、この場合、新たに買主となるCに支払能力があるかどうか
が重要なので、Bの承諾なしにはAは買主の地位を移転することはできないか
らである。

3　債権の消滅——弁済と相殺

　権利は変動する。物権変動の章で学んだように、権利の変動には、発生・移
転・消滅というパターンがある（5章参照）。債権はどうだろうか。発生と移転
の仕組みはすでに学んだ。債権は、契約や不法行為によって「発生」する（7
章参照）。債権は、債権譲渡によって「移転」する（本章1参照）。

　以下では、債権の「消滅」について学ぶ。債権総則は、「債権の消滅」とい
う節を設け（第6節）、債権を消滅させる様々な制度をそこに集めている。弁済
と相殺を中心に説明していこう。

(1)弁　　済

　弁済とは、**債権の内容である給付を実現する**ことである。債務者が債権者に
弁済することによって、債権は消滅する（473条）。

　たとえば、AがBに対して100万円の貸金返還債権を有しているとする。こ
の場合、債権の内容である給付は、B（債務者）がA（債権者）に100万円を支
払うことである。BがAに100万円を渡し、Aが受け取ると、100万円の支払い
が実現したことになる。これにより、Aの貸金返還債権は消滅する。

　弁済を受ける権限を有する者を「受領権者」という（478条）。債権者以外の
者も受領権者になることができる（代理で受領するよう債権者から頼まれた者等）。

　債務者が受領権者以外の者に弁済した場合、弁済は原則として無効である。
しかし、民法478条は、「取引上の社会通念に照らして受領権者としての外観を

有するもの」に対する弁済は、弁済者が「善意であり、かつ、過失がなかったときに限り、その効力を有する」と定めている。たとえば、Aが貸金返還債権（債務者をBとする）をCに譲渡したとする。BはCに弁済したものの、A・Cの債権譲渡契約が無効であったとする。この場合、Cには債権がないから、Bは受領権者以外の者に弁済したことになる。しかし、Bが上記無効を知らず、Cを債権者と信じており、かつ、そう信じたことについて過失がなかったのであれば、Cへの弁済は有効となる。

なお、偽造キャッシュカードなどによるATMでの預金の引出しについては、**預金者保護法**が適用される。この法律は、民法と異なり、預金者がカード等の管理にどの程度注意を払っていたかを基準として、預金の保護の程度を定めている。

弁済は、給付を実現させることである。したがって、給付しようとしたが実現できなかったという場合には、弁済はまだ成立していない。たとえば、AがBに対して10万円の貸金返還債務を負っており、1週間後にAがB宅で返すことになっていたとする。Aが約束の日にB宅に行ったところ、Bが約束を忘れて旅行に出かけていたとする。給付の内容は、Bに10万円を返すことであるから、Bが受け取っていない以上、まだ給付は実現していない。したがって、弁済は成立しておらず、債権は消滅しない。

そうすると、Aの債務は、消滅しないまま支払期日を過ぎたことになる。Aは履行遅滞による損害賠償責任を負うだろうか。給付を実現するためにAの側でやるべきことはやったのであるから、Aは履行遅滞の責任を負うべきではない。

そこで、民法は、「弁済の提供」がなされた場合、債務者は、債務を履行しないことによって生じる責任を免れる、と定めている（492条）。上記の場合、Aは弁済の提供をしているから、履行遅滞の責任を負わない。弁済の提供がどのような場合に認められるかは、民法493条に定められている。

なお、債権者が弁済の受領を拒んでいるなどの理由で、債務者が弁済したくてもできない場合がある。たとえば、AがBに借金を返そうとお金を持参したが、Bが「もっと貸したはずだ」と難癖をつけて受け取ろうとしない場合であ

る。この場合、債務者Aは、目的物である上記金銭を供託所に預け、その管理を委ねることができる。これを供 託<ruby>供 託<rt>きょうたく</rt></ruby>といい、Aの債務は消滅する（494条）。弁済の提供は、履行遅滞の責任を否定するだけであり、債務自体を消滅させるわけではない。債務者は債務を負い続けることになる。これに対し、供託は債務を消滅させ、債務者を債務から解放する点に大きな特徴がある。

(2) 相　殺

　相殺とは、一方的意思表示によって、対立する債権を対当額で消滅させる行為である（505条1項）。

　「対立する」とは、2人が互いに相手に対して債権をもっている状態のことである。たとえば、AはBに対して100万円の貸金返還債権をもっており、BもAに対して80万円の貸金返還債権をもっている、という状態である。

　この場合、AとBのいずれも、一方的に相殺を主張することができる。相手の同意は要らない。相殺の結果、両方の債権は互いに同じ額（80万円）で打ち消し合い、Aの債権は20万円になり、Bの債権はゼロになる（消滅する）。

　相殺の結果、AもBも、本来受け取れるはずだった金銭を受け取れなくなる。Aは、100万円受け取れるはずだったのに、20万円しか受け取れない。Bは、80万円受け取れるはずだったのに、1円も受け取れない。

　しかし、実質的にみれば、この結果は、互いの債権が実現したのと同じ状態である。Aは、Bから100万円受け取っても、Bに80万円支払わなければならないから、結局、手元には20万円しか残らない。Bも、Aから80万円受け取っても、Aに100万円返さなければならないから、受け取った80万円は全部Aに支払うことになり、手元には1円も残らない。

　以上のように、相殺は、当事者が弁済し合ったのと実質的に同じ状態を作り出す。互いに金銭を渡し合う手間を省ける分、相殺した方が、現実に弁済し合うよりも効率的である。このように、相殺には簡易な決済機能がある（ほかにも公平維持機能・担保的機能があるとされている）。

　相殺は、互いに弁済し合ったのと同じ状態を作り出す制度である。したがって、相殺によって、当初の予定よりも不利になる当事者が生じるならば、その

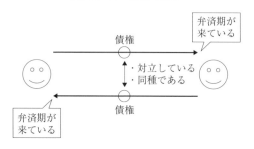

図表9-2　相殺の要件

相殺は認められない。そこで、次の要件が必要になる。

　まず、**互いの債権が弁済期にある**ことである。弁済期が到来していない債権を使って相殺できるとなると、相手はまだ弁済しなくてもよい時期なのに、その債権を弁済させられたことになる。つぎに、**互いの債権が同種である**ことである。たとえば、Aの債権が自動車の引渡債権で、Bの債権が貸金返還債権であるとする。この場合、相殺を認めると、自動車の債権者Aは、自動車が手に入ると思っていたのに手に入らないことになる。自動車が手に入らなくても、借金の返済を免れて金銭が手元に残るから自動車を手に入れたのと同じことだ、とはいえない。自動車と金銭は性質の異なる利益だからである。このような相殺は、両者が互いに弁済し合ったのとは異なる状態を作り出してしまう。

　以上をまとめると、相殺の要件は、**債権が対立し、互いに弁済期にあり、同種であること**となる。**これらの要件が満たされた状態を相殺適 状** という。

　上記の３つの要件が満たされている場合でも、**受働債権が不法行為等によって生じた場合**（509条）など、**相殺が禁止される場合がある**。

　なお、509条にあるように、相殺の法律関係においては、自働債権と受働債権という用語が出てくる。間違えやすい用語なので、509条を例にして説明しておこう。**相殺を主張する側の債権を自働債権、相殺を主張される側の債権を受働債権という**（したがって、対立する債権のどちらが自働債権になりどちらが受働債権になるかは、どちらの当事者が相殺を主張するかによって変わることになる）。たとえば、AはBに対して10万円の貸金債権を有しているとする。Aは、返済期

図表9-3　自働債権と受働債権

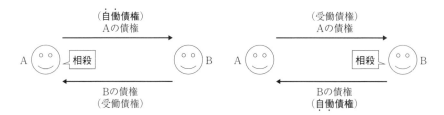

日が来たのにBが返済しようとしないため、Bに暴力をふるい、怪我を負わせたとする。その結果、Bは、Aに対して、10万円の治療費の損害賠償請求権を取得したとする。このとき、A・B間では、Aの10万円の貸金債権とBの10万円の損害賠償請求権が対立している。そこで、Aは、相殺を主張し、自分の貸金債権を使ってBの損害賠償請求権を消滅させようとしたとする。この場合、相殺を主張したAの貸金債権が自働債権となり、相殺を主張されたBの損害賠償請求権が受働債権となる。受働債権となるBの損害賠償請求権は、不法行為によって生じた債権であるから、Aによる相殺は、「不法行為等により生じた債権を受働債権とする相殺」（509条の見出し）に該当する（Aの行為は悪意による不法行為であるから、509条1号に該当し、相殺は禁じられる）。では逆に、Bが相殺を主張する場合はどうだろうか。この場合、Bの損害賠償請求権は、受働債権ではなく自働債権となる。Bによる相殺は、不法行為によって生じた債権を自働債権とする相殺であり、受働債権とする相殺ではないから、認められる。

(3) その他の消滅原因

　以上のほか、債権は、更改（513条）、免除（519条）、混同（520条）によって消滅する。

　また、債権総則の第6節に規定された場合以外にも、債権が消滅する場合がある。たとえば、債権は消滅時効によって消滅し（❸章参照）、契約によって発生した債権は、契約の取消しや解除によって消滅する（❸章、❿章参照）。

10章 債権各論（1）
契約総論

1 債権各論の意義と契約総論・契約各論

(1) 債権各論の意味

　民法は**物権**と**債権**を中心に、社会で生活し経済的な活動をする人と人（法人も含まれる）の間のトラブルを解決することを目的としている。債権を用いて解決する場合として、民法第3編第2章〜第5章は**契約、不法行為、不当利得、事務管理**を規定する。この部分を同編第1章との比較から、とくに債権各論という。本章〜12章はこれを説明する（なお、「物権」の詳細は4章〜6章、「債権」の詳細は、7章〜9章を参照）。

(2) 契約総論と契約各論の関係

　現代のように高度に専門化され、分業化された市場経済取引社会では、自給自足の生活は困難である。私たちが生活に必要な物品やサービスは、コンビニや商店などとの取引を通じて手に入れるのが通常であろう。

　民法は、このような取引を**契約**という形態によってルールを定めている。

　契約の形態はじつに様々である。そこで民法は、まず最初に、契約に共通のルール（第3編第2章第1節）を定めた上で（これを**契約総論**という）、つぎに社会においてよく利用されると考えられる契約を13個に類型化して、それぞれの契約ごとにルール（第3編第2章第2節〜第14節）を規定した（これを**契約各論**という。11章を参照）。本章では「契約総論」を説明する。

2　契約トラブルと民法による解決

(1) 生活の中の契約

　生活に欠かせないモノやサービス、カネ。私たちはどのようにして手に入れているだろうか。具体的な方法や手段は様々であろうが、結局は相手とのコミュニケーションと合意によるといえよう。

　民法はこれを「契約」の問題とし、そこから生ずるトラブルを解決するための様々な規定を設けている。

　私たちはふだん、「契約」を意識することは少ない。しかし、約束したモノを受け取れない、約束通りのサービスを受けられない、受け取ったモノに欠陥がみつかった、貸したカネを返してくれないなどのトラブルに遭遇した場合は、民法に定める「契約」の規定によって解決することになる。

(2) コンビニの事例から

　AがBコンビニでパンやジュースなどの飲食物を買おうと思って、その商品をレジにもっていき、代金を支払って袋にいれた商品を受け取ったとしよう。帰宅して袋をあけると買ったつもりの商品Xではなく、Yが入っていた。

　さて、あなたがAならどうするだろう。

　Aとしては、YとXを交換してもらいたいだろう。しかし、Aが間違ってYをレジに置いた場合はどうか。Bコンビニはそれを拒絶できるのではないか。

　AとBが話し合いの末、納得できる解決をすることができれば問題はない。しかし、両者の言い分が食い違った場合、どんな解決が適切だろうか。

(3) 民法による解決

　民法は、①契約を結んだかどうかという問題（後述(4)契約成立の要件）、②どんな内容の契約を結んだのか（何をし、何をしてもらえるのか）という問題（後述(5)契約成立の効果）、③契約を途中でやめられるのかという問題（後述(6)契約の解除）に分けて規定を設けている。現実の契約は様々であるが、民法はすべての

契約に共通するルールとして、これらを定めている。契約トラブルの解決にあたっては、もめている内容が上記のうちのどの問題に当たるのかを判断・区別して対応することになる。

(4) 契約成立の要件

まず、AとBの間で売買契約が結ばれたのかどうかが問題となる。

契約は当事者間の約束と合意といえよう。売買契約の場合、買主が「代金の支払い」、売主が「物の引渡し」することを約束する「**合意**」である。つまり、買主と売主が「なにをいくらで売買するか」についての合意が売買契約である。

それでは、合意はどのように行われるであろうか。合意が形成されたといえるためには、当事者が互いに、同じ内容の契約をしたいという「**コミュニケーション**」を行うことが前提となるが、どんな行為をすれば、合意があったと判断できるのか。

これらの問題を民法は「契約成立」の問題として規定し、契約成立の判断基準（要件）を定めている（本章5参照）。実際の争いでは、この要件に当たる事実が証拠によって認められれば、契約は成立する。

(5) 契約成立の効果

① 債権・債務の発生

AとBの間に契約が成立した以上、当事者は互いに約束を守らなければならないことはいうまでもない。守らない場合、契約違反となる。それでは、当事者は何を守るべきか。契約違反があると、どんな責任を負うのだろうか。これは契約成立の効果の問題である。

民法はこれを**債権・債務**という権利・義務を使って説明する。契約が成立すれば、当事者に一定の（契約により内容が変わる）債権・債務という権利・義務が発生する。債務を負う者（債務者）は債務（すなわち債権）の内容となる一定の行為を行うべき立場にたち、債権をもつ者（債権者）は債務者に一定の行為を請求できる立場にたつ。なお、債務内容となる一定の行為をとくに**給付**といい、その行為を行うことを**履行**という。

　契約が成立すれば、債務者は給付を履行しなければならない。履行しない場合を債務不履行といい、債権者は改めて給付の履行を請求できる。それでも応じない場合には、裁判所を通じて履行の強制を求めることができるほか、債権者に損害が生じた場合には、金銭による損害賠償を請求する権利が認められる。これを債務不履行責任という。これらの詳細は**7**章を参照のこと。

　AとBの事例では、商品Xの売買契約が成立していれば、Aは改めてYを返してXを引き渡すよう請求でき、Aに損害があれば、損害賠償を請求できる。これに対し、商品Yの売買契約が成立していれば、AはYの受けとりを認めるほかない（もちろん、AとBが新たに合意をして、XとYを交換することは認められる）。

　最後に、売買契約により、「物」を受け取るということは、その「所有権」を受け取ることになる点に注意してもらいたい。売買契約に限らず、契約成立の効果によって、所有権のような「物権」が移転したり、新たな「物権」を設定する場合がある。これは物権変動の問題である（詳細は**5**章参照）。

　② 契約の効力

　債権・債務によるトラブル解決の方法は本章の最初で述べたように、「契約トラブル」に限らず、広く「人と人の間（私人間）のトラブル」全般に用いられている。そこで、「契約特有のトラブル」を解決するために、特別の制度が設けられている。これを「契約の効力」という（本章7参照）。

(6) 契約の解除

　AとBの売買契約において、結局のところ、Aの主張が認められたとしよう。ところがAは、こんな間違い（契約違反）をするBコンビニから商品を買いたくないと考えた。このようなAの言い分を認めてもよさそうである。

　このような場合を想定して、民法は**契約解除権**を認めている。解除権を行使すれば、すなわちAがBに契約をやめたいとの意思を表示すれば、契約をしなかったものと認められる（本章8）。

　なお、勘違いや、相手方にだまされて売買契約を結んだ場合、「本当は契約の意思はなかったから契約をなかったことにしてもらいたい」と主張したいことがあろう。このような場合を想定して、錯誤または**詐欺**を理由に契約を**取り**

消すことが認められている（詳細は3章参照）。詐欺により損害を受けた場合には、不法行為による損害賠償請求も認められる（12章参照）。

3　契約法の基本原則

(1) 契約自由の原則

　様々な経済的・社会的な制約があるものの、私たちには、自分のことを自分で決められる権利がある（**私的自治の原則**）。これは契約についても同様であり、私たちは実生活において、誰と、どんな内容の契約を、どんな方式で締結するかについて、自らの自由な意思で決定しているであろう。

　これを契約自由の原則といい（このほか、民法の基本原則については、1章参照）、民法はこれを明記している（521条、522条2項）。

(2) 契約自由の原則の内容と限界

① 契約自由と自己責任

　ところで、私たちが自分の意思で契約内容に合意し、契約を締結した場合、自ら選択・決定した契約について責任を負うのは当然であろう。**契約自由の原則**は、**自己責任**と表裏一体といえる。

　たとえば、自らの理性的判断で、「安い」「良い」と思い購入した場合には、後でより安く良いものがみつかって後悔しても、それはあくまでも自己責任の問題であり、そもそも他人に文句をいえる筋合いのものではない。

　もちろん、本当に自分の意思で契約を結んだのかが問題になることもある。たとえば、勘違いや、相手の言動にだまされて契約をした場合などは自分の意思で決定したとはいえない場合もある（これが錯誤や詐欺の問題であることはすでに述べた（3章参照））。

　自分の意思かどうかの判断は難しいことも少なくないであろうが、民法はその判断に当たって、契約当事者は理性的判断ができる対等な当事者であるとしていること、自己責任もそれを前提としていることを忘れてはならない。あくまでも契約に関わるリスクは自己責任の下で評価することが前提となる。

　なお、未成年者や精神上の障害がある場合などのように、判断能力に欠ける者もいる。その保護については、**2章**参照。

② 契約自由の限界

　現代社会における契約のトラブルについて、対等な当事者間の自己責任を前提に解決するという考え方だけでよいであろうか。

　民法が作られた20世紀初頭の社会ならそれでよかったかもしれない。しかし、その後の人類の進歩と高度な技術革新を考えてみよう。私たちの生活は飛躍的に便利になったものの、その反面、契約の内容やそれに用いられる技術は高度に複雑化、専門化した。はたして、私たちがこれらのすべてを認識し、個人の能力でリスクに対応することは可能であろうか。

　仮にリスクを認識できたとしても、利便性や必要性からそのような契約を結ばざるを得ないものもある。巧みな勧誘や街頭・訪問での不意打ち的勧誘などで、十分な確認や熟慮をする余裕がないまま契約を結ぶこともある。これらをすべて自己責任とかたづけてよいであろうか。

　民法は対等な当事者が具体的に対面して交渉し、自由なコミュニケーションをする契約を前提としている。企業間の契約は別として、私たちの現実の生活において、そのような方法による契約は少ないであろう。たとえば電気、ガス、水道などの生活インフラにかかる公共料金の支払いのほか、企業・事業者との契約では、その利便性から、不特定多数の消費者を対象とし、画一化された内容の契約が用いられることが多くなっている。このような契約では、交渉による契約内容の変更の余地がない上、生活に欠かせない物やサービスを得るための契約の場合には、契約の締結を拒絶する選択さえ認められないであろう。

　民法はこれらを**定型取引**と定義する（548条の2）。定型取引で用いられる条項の総体をとくに**定型約款**（ていけいやっかん）と呼び、契約内容が表示されている状況で合意があれば、画一化された大量の契約内容のすべてに合意したものとしている（548条の2～3）。定型取引・定型約款の利便性から、それを社会からなくすことは不可能であり、契約自由と自己責任の範囲では上記のような規定はやむを得ない。しかし、契約内容の表示の内容や方法について、すべて事業者の自由に委ねておいてよいだろうか。

③ 契約自由の制限と契約の適正化・消費者保護

　そこで、民法の考え方を修正し、契約自由を制限する様々な消費者保護立法や行政的規制が行われている。とくに、民法の特別法である**消費者契約法**が重要である。

　この法律は、現実の社会における消費者と事業者の間の関係をみると、「民法が前提とするような対等な関係とはいえず、情報の量・質や交渉力に格差がある」との考え方にたち（1条）、それらの格差をカバーするためには、事業者側が契約締結に必要な情報を提供すべきであるとして、不適切な情報提供によって締結された契約に対して取消権を認めるとともに、事業者側のみに有利な契約の締結を無効としている（4条、8条〜10条）。

　また、様々な特別法によって、事業者の類型に基づき、様々な行為規制がある。たとえば、適正な契約の確保の観点から事業者を登録制としたり、事業者に具体的な契約における契約内容の開示義務や説明義務を定めるほか、クーリングオフや支払停止の抗弁などの特別な権利が消費者に認められている（割賦販売法や特定商取引法などを参照）。

　さらに、公共料金など公益性の高い契約についてはその適正化を図るため、国や地方公共団体による規制が行われている（国などが業務内容を監視したり、料金を決定したり、料金に対する認可制がとられるなど）。

　なお、契約自由といっても、違法に他人の権利や自由を侵害することはできないという点にも注意が必要である（1条、90条。詳しくは❶章、❸章参照）。

4　契約の分類

(1) 典型契約と非典型契約

　契約自由の原則により、契約内容や締結の方法など当事者の合意で自由に決められることはすでに述べた。ところが、実際の契約では、当事者間で契約内容について詳細に決められない場合も少なくない。

　民法は、13個の契約（⓫章参照）を明記し、その契約ごとに当事者間の権利・義務を規定した。これは、同様の契約から生じるトラブルを公平・平等か

つ安定的に解決するためである。これを**典型契約**（有名契約ともいう）という。契約自由の原則から、当事者の合意があれば、強行規定（**3章**参照）でない限り、その内容を変えることができる。

　社会の変化に伴い、典型契約には存在しない契約が使用されるようになっている。これらを**非典型契約**（無名契約ともいう）という。

⑵ 諾成契約・要物契約・要式契約

　契約成立の方法から３つの契約に分けられる。当事者の合意のみで成立する**諾成契約**、合意に加えて契約の目的となる物の引渡しがなければ成立しない**要物契約**（587条参照）、合意に加えて書面の作成など一定の方式がなければ成立しない**要式契約**（446条2項参照）である。

　原則として契約は諾成契約とされ（522条2項）、例外として、典型契約や特別法で、要物契約や要式契約とされるものがある。

⑶ 双務契約・片務契約と有償契約・無償契約

　契約成立によって、対価関係（ギブ・アンド・テイクの関係、見返りの関係のこと）にある債務が当事者双方に発生する契約を**双務契約**、対価関係にある債務が発生しない契約を**片務契約**という。同様に、契約当事者双方に対価関係にある財産的損失を負わせる契約を**有償契約**、一方のみに損失を負わせる契約を**無償契約**という。

　各種の典型契約がこのいずれに該当するかは、基本的にはそれぞれの典型契約の規定の最初の条文を見ると分かる（たとえば、贈与契約の549条と売買契約の555条を比較しよう）。特約によって、対価的な経済的損失を定めることで有償契約とされる場合もある（たとえば、利息付消費貸借契約。589条2項）。

5　契約の成立

⑴ 契約成立の要件

　契約を結ぶために私たちが行う「コミュニケーション」の手段・方法は話し

言葉、ジェスチャー、書面など実に様々である。また、複数におよぶ言葉のやり取りがあったり、それらが一定の期間にわたって交わされることもある。それらは対面で行われたり、電話やファックス、メールの場合もある。例を挙げればきりがない。

　民法は、「**当事者双方が互いに単一の意思表示を行うこと**」と「**当事者双方の意思が一致すること**」を契約成立の要件とし、かつ当事者のいずれかが最初に意思表示をし、それ受け取った者がその内容を承諾する意思表示をするというプロセスとしてモデル化した。最初の意思表示を**申込み**といい、それを受け取った者が契約したい旨の意思表示する場合を**承諾**という（522条1項）。諾成契約が原則であることも明記されている（522条2項）。なお、意思表示については**3章**参照。

　前述のコンビニの例によれば、AとBの間で商品Xの売買契約が成立するためには、①AがXを購入する意思を抱いた上で、その意思がBに伝わるなんらかの表現をし（申込みの意思表示）、②それを受けたBがAの申込みを承諾する意思を抱いた上で、その意思がAに伝わるなんらかの表現をする（承諾の意思表示）必要がある。申込みと承諾の表現は、言葉であろうが、行為であろうが、相手方にそれが伝わり、相手方が理解できるものであればよいとされる。

　なお、申込みの意思表示は、それに対する承諾があれば契約を成立させたいという内容の意思表示と考えられる。したがって理論的には、「申込みをしてもらいたい」という申し出は、申込みを誘う行為（これを**申込みの誘引**という）にすぎず、申込みとは区別される。実際の行為では、申込みかどうかが微妙な場合がある。新聞チラシや入会申込書、商品の展示などは一般に、申込みの誘引とされることが多い。

(2) 契約成立の時期

　契約が成立するとその効果として、債権・債務が発生する（したがって約束を守らないと契約違反になる）から、いつ契約が成立するかは重要である。コンビニの例のように、対面での契約の場合と異なり、書面を郵送するなど承諾の意思表示をしてからそれが相手方に届くまで時間がかかるような場合にはとくに

問題となる。契約自由の原則から、当事者が成立時期を決めておけばよいが、決めなかった場合、承諾の意思表示が相手方に届いたときに契約が成立する（522条1項・97条）。

　申込みの意思表示をした者が、後にそれを取りやめたいと考える場合もある。民法は申込みに承諾期間が定めてあったどうかで区別をし、その可否を定めている（523条、525条）。

⑶ そ の 他

　民法は、**懸賞広告**（「迷い猫発見者に賞金〇〇円」「懸賞金付きコンテスト」など）についての規定（529条〜532条）を設けている。

　役所や企業などが行う市場競争原理によるオークションや競売、公共事業などの競争入札については民法に規定はないが、いかに競争性を確保するかが問題となる契約である。これは経済法の領域の問題である。

6　契約内容の解釈・判断

　成立した契約内容は当事者間で「合意」した内容である。契約が成立した以上、その内容について当事者が争うはずはないと思うかもしれない。しかし実際には、後になって両者の言い分が食い違うことがある。

　1つには、民法が諾成契約を原則としているため、「言った。言わない。」という水掛け論になることがある。相手方との間のコミュニケーションが十分に取れていないのに、勝手に取れていると思いこんだ場合もある。このような場合に、契約は成立していない（契約不成立）として両者が納得できれば問題は生じない。しかし、当事者双方が契約の成立を認めつつ、内容について争う場合もある。コンビニの例で想像してもらいたい。

　もちろん、合意内容を明記した「契約書」を作っておけば、このような問題は回避できそうである。しかし、契約書の記載があいまいだったり、記載されていない点で意見の相違があり、「話が違う」ともめることもある。

　このように当事者の間で解決できない場合には、第三者に解決を依頼するほ

かない。最終的には裁判の場でどのような契約内容であったかを明らかにすることになる。裁判所は、当事者が示した証拠（人の証言や契約書・覚書・メモなどの物証）に基づいて、どのような契約内容であったかを決定し、解決する。この作業を**契約の解釈**という。

このような争いが生じないようにするためには、当事者があらかじめ十分なコミュニケーションをとるとともに、契約書やメモなど様々な証拠を残しておくとよい。

なお、社会・経済的状況、契約や当事者の実態・背景となる事情、他の契約とのバランスなど様々な事情を考慮して、契約の解釈により、当事者が合意していない様々な権利・義務や典型契約の規定にない権利・義務を裁判所が認める場合がある（1条2項が根拠とされる）。たとえば、契約内容などに関する説明義務や情報提供義務、安全配慮義務などである（7章を参照）。

7　契約の効力

(1) 双務契約の特質

双務契約はすでに述べたように、当事者双方が対価的債務を負う契約である。

貨幣経済社会の現代では、私たちは金銭を支払うことで、生活に必要なモノやサービスを手に入れている。すなわち、金銭の支払を対価としてモノやサービスを手に入れる売買や賃貸借、雇用、請負などの双務契約は、現代の社会生活に不可欠の重要な契約といえよう。

民法は、双務契約の契約違反における特別な制度として**同時履行の抗弁**と**危険負担**を定める。いずれの制度も、双務契約は当事者双方が互いに対価的債務を負う契約であることから、当事者双方を公平に扱うべきであるとの考えを根拠にしている。たとえば、売買の場合、買主は金銭を支払うから物を入手でき、売主は物を引き渡すから金銭を手に入れられる。買主と売主は双方が対価的債務を履行し合うことでバランス（公平性）が保たれていると考えるのである。

⑵ 同時履行の抗弁

　双務契約における債務の履行において、どんなバランス（公平性）を保つべきだろうか。

　たとえば売買契約において、代金の支払時期や物の引渡時期が決められていれば、その時期に代金を支払い、物を引き渡すべきことは当然で、それをしなければ債務不履行となり、損害賠償責任を負う。しかし、それが決められていない場合、いつ代金を支払い、物を引き渡せばよいのか。いつそれをしないと、債務不履行になるのか。たとえば、代金を支払わない買主Aが、一方的に売主Bに物の引渡しを請求してきたとしよう。Bが物を引き渡さない場合、債務不履行になるのだろうか。

　一方当事者の債権の効力だけを考えると、債務不履行といえそうである。しかし、これは妥当とはいえない。なぜなら、双務契約の当事者双方が互いに対価的債務を負う関係にあるところ、一方だけが債務を履行するのは不公平だからである。

　そこで民法533条は、双務契約の場合について、たとえ相手方から債務の履行を請求されたとしても、その相手方が履行しない限り、自らの債務の履行を拒絶できる権利を認めている。この場合、債務の履行をしなくても債務不履行による責任を負わないとしたのである。これを**同時履行の抗弁**という。双方の債務が対価関係にある双務契約では、このような権利を認めることが当事者の「公平性」の観点から適切だからである。

　したがって、上記事例で、支払時期・引渡時期がいずれも決められていない場合、Bは「Aが代金を支払うまで物を引き渡さない」と主張できる。

⑶ 危険負担

　対価関係にある債務の一方が履行不能になった場合における、双務契約のバランス（公平性）について考えてみよう。たとえば売買契約において、売主が物を引き渡すことができなくなった（履行不能）としよう。そのとき、買主は代金を支払うべきであろうか。

　履行不能になった理由によって結論は異なると考えられる。すなわち、履行

図表10-1　危険負担（536条1項の場合）

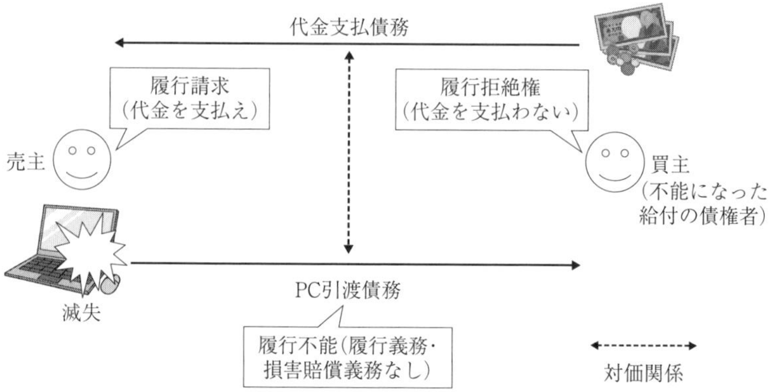

不能になった責任（帰責事由）が誰にあるかによるであろう。

　物が滅失し履行不能となったことについて、買主に帰責事由がある場合、た
とえばワレモノを受け取るときに買主のミスで壊した場合、買主に履行不能の
責任があるから代金を支払うべきである（536条2項）。

　これに対し、売主の帰責事由による場合はどうか。これは売主の債務不履行
の問題である（415条。詳細は7章参照）。この場合、買主の債務はどうなるか。
あくまでも買主の債務は契約成立により発生していることから、後述する契約
解除をしない限り、買主の債務は残ることに注意が必要である。契約の解除に
ついては、本章8で述べる。

　問題は、売主、買主いずれにも帰責事由がない場合である。この場合、まさ
に対価関係に基づく双務契約のバランス（公平性）を考慮して、代金の支払を
拒絶できるとしている（536条1項）。すなわち、契約当事者双方に帰責事由が
ない場合、履行不能による責任は誰にもない。結局、双務契約の対象となった
物が滅失してしまったことの危険（損失）を誰が負うべきかというリスク負担
の問題である。これを**危険負担**という。基本的にはどちらも負担したくないで
あろうが、最終的には、どちらかが負担せざるを得ない。

　ところで、売買契約の場合に、「引渡後」に目的物が「滅失または損傷した」
ときには、この例外として買主は代金の支払を拒むことができない点に注意が

必要である（567条）。

　なお、このような危険負担を逃れる方法の１つとして、保険制度がある。

8　契約の解除

⑴契約をやめられる場合

　契約成立の後に、様々な理由から契約をやめたいと考える場合があるであろう。どのような場合にそれが認められるであろうか。

　まず、契約自由という考え方から、当事者が契約を途中でやめることを合意すれば、それを認めるべきであろう。これを**合意解除**という。

　また、成立した契約の内容としてあらかじめ、当事者の一方または双方に、一定の条件のもとで解除する権利を定めておく場合がある。これも契約自由により許される。これを**約定解除**という。

　さらに、債務不履行があった場合には、⑵で述べるように、債権者から解除できる**法定解除**の制度がある（541条〜542条）。損害賠償の場合（415条）と異なり、債務者の帰責事由は不要である。

　なお、契約に対する取消権の行使や無効の主張も広い意味では、契約をやめられる制度といえる（❸章参照）。

⑵法定解除

　債務不履行のうち、履行できるのに履行していない場合には、原則として、債権者が新たに提示した履行するための相当な期間内に履行がないときにのみ、解除することができる（541条本文）。履行不能であったり、履行可能であっても履行する意味がないなど一定の場合には、催告は不要とされる（542条）。

　解除権を行使する場合には、相手方にその旨の意思表示をする必要があり（540条）、解除権を行使した場合には、契約当事者は、契約前の財産状態に戻す義務（**原状回復義務**）を負う（545条１項本文）。債務不履行により損害が発生している場合には、解除権の行使とともに、債務不履行による損害賠償（415条）も請求できる（545条４項）。

11_章 債権各論（2）
契約各論

1 典型契約の意義

(1) 典型契約の意義

　民法は13個の**典型契約**（第3編第2章第2節～第14節）を定めている。この類型はローマ法以来の歴史的影響とともに、社会における抽象的理性的な人の行動パターンを論理的に分析し整理したものである。

　私たちが生活する社会では、様々な人が様々な生活を営み、様々な契約をしている。そのような多種多様な契約も、その内容から、一定の共通項を抜き出して整理・分類することができる。契約トラブルの公平・平等かつ安定的な解決のためには、あらかじめ一定の契約類型にモデル化し、当事者の権利・義務を定めておくと便利である。民法が典型契約を定めた理由はここにある。

　とはいえ、私たちはみずからの意思で、自由に契約を選ぶことができる（契約自由の原則・**⑩章**参照）上、社会は日々進歩し、変化して新たな契約の形式や内容が工夫されていく。有線の固定電話から、スマートフォンへと変化してきた身近な通信の例を考えてもらいたい。このように、社会では典型契約と異なる多くの新たな契約（**非典型契約**）が作り出され、利用される。非典型契約のトラブル解決には、社会的背景や契約の実態、当事者の意思を考慮して、当事者がどんな権利・義務を負うべきかを明らかにすることが必要である。この場合でも、典型契約の類型は参考になる。

　典型契約は、それぞれの契約類型ごとに、当事者の権利・義務などを定めており、契約ごとにそれらの内容を区別して理解する必要がある。その際、債権・債務に共通のルールや、契約に共通のルールに対する特則となっている部分を意識しながら区別すると理解しやすい。

　なお、当事者の合意によって、典型契約と異なる契約の方式や内容を選ぶこ

とは、契約自由の原則のもとで当然に認められる。

⑵ 典型契約の種類

① 契約の具体的内容による区別

　民法が定める典型契約は規定の順に、**贈与**、**売買**、**交換**、**消費貸借**、**使用貸借**、**賃貸借**、**雇用**、**請負**、**委任**、**寄託**、**組合**、**終身定期金**、**和解**である。

　この順番には意味がある。まず大きくは３つに分けられる。すなわち、①「物」を相手方に渡すことが内容となっているもの（贈与〜賃貸借。これを「物」に関する契約とする）、②「人の作業・行為」を行うことが内容となっているもの（雇用〜寄託。これを「人の行為」に関する契約とする）、③その他（組合〜和解）である。「物」と「人の行為」で分けることには合理性がある。一般に、なにが物かは明確であるが、人の行為をあらかじめ詳細に定めて多くことは難しい場合がある。たとえば、教育や医療の場合、人の裁量に委ねざるを得ない部分が多いことが理解できよう。この違いは、契約違反があったかどうかの問題の際に、質的な違いを生む。売買と医療行為の例を比較してもらいたい。

　最後に、それぞれの契約が、**双務契約**と**片務契約**、**有償契約**と**無償契約**、**諾成契約**と**要物契約**のいずれにあたるかは重要である（この区別は10章参照）。

②「物」に関する契約

　これには、「物の権利」を本人から相手方に「移転する」契約（**贈与、売買、交換**）と、「物の権利」は本人に残したまま「物」を相手方に「使用させる」契約（**消費貸借、使用貸借、賃貸借**）がある。前者は、物をあげる契約、後者は物を貸す契約といえる。

　まず、「**物の権利を移転する**」契約には、物を受け取る相手方がその対価を引き渡す場合（売買、交換）と、そうでない場合（贈与）がある。さらにその対価が金銭かそれ以外かで、売買と交換に分けられる。

　贈与は片務、無償、諾成契約である。これに対し、売買、交換は双務、有償、諾成契約である。

　つぎに、「**物を使用させる**」契約には、物を使用する相手方がその対価として金銭を支払う場合（賃貸借）と、対価を必要としない（無償）場合（消費貸

借、使用貸借）がある。使用方法からみた場合、そのまま使用して契約終了後に返還する場合（使用貸借、賃貸借）と、それを消費することができ契約終了後に新たな同種同量の物を返還する場合（消費貸借）に分けられる。そのまま使用する場合でも、ただ（無償）で使用できる場合（使用貸借）と、金銭（賃料）を支払って使用できる場合（賃貸借）がある。なお、消費貸借の典型例は、お金を借りる場合（貸付、ローン）で、これは金銭消費貸借という。

使用貸借は片務、無償、諾成契約であり、消費貸借は片務、無償、要物契約である。これに対し、賃貸借は双務、有償、諾成契約である。

③ 「人の行為」に関する契約

これには、「人の行為」の内容から、単に決められた労働作業に従事する場合（雇用）、一定の仕事の完成をまかされる場合（請負）、まかされた法律行為や事実行為をする場合（委任）、物を保管する場合（寄託）がある。実際にはこれらが重複する場合や、厳密には区別することが難しい場合もある。その場合はより近いものを参考にすることになる。

「人の行為」をすることの対価として金銭を受け取ることができる場合（雇用、請負）と、そうでない場合（委任、寄託）に分けられる。

雇用、請負は双務、有償、諾成契約である。これに対し、委任、寄託は片務、無償、諾成契約である。

④ その他の契約

組合（667条～688条）は、出資金や機器・設備、労働者等を当事者が提供して、事業を共同で行う場合に用いられる契約である。大規模なトンネル工事からビル建設に至る建設共同企業体（ジョイントベンチャー（JV））がその例である。近年では複数企業による共同技術開発事業でも用いられる。趣味同好会や一時的な集まりなどの活動にも利用できる。出資方法や活動に伴う責任分担、脱退・加入などのルールが決められている。組合は、法人を設立する場合（2章参照）との比較で理解するとよい。労働組合とは異なるので、注意が必要である。

終身定期金（689条～694条）は民間による年金の受給を想定したものであるが、公的年金が整備されている現状では、ほとんど利用されていない。年金

は、社会保障法の分野で規定されている。

　和解（695条〜696条）は少ない条文にもかかわらず、交通事故などの加害者と被害者や裁判で争う当事者の間で、合意により紛争解決を行う仕組みとして多く利用されている。

　以下では、典型契約が私たちの生活にどのように関係するかをみていくことにしよう。たとえば、X社に勤めるA（35歳）は学生時代に知り合ったBと結婚し、6歳の子Cとともに、賃貸マンションで暮らしているとしよう。平凡で幸せなAの生活にも、様々な契約トラブルが起こる可能性がある。

2　贈　　与

　AがBに、結婚記念日のプレゼントをしたとしよう。これは贈与契約（549条）にあたる。AのプレゼントをBが受け取る意思を表示すれば、契約は成立する。これにより、プレゼントの所有権はAからBに移転する。

　贈与の場合、書面を用いない限り、契約成立後でも自由に解除することができる（550条。2017年の民法改正前は「撤回」という文言が用いられていた）。もちろん、贈与とはいえさしたる理由もないのに契約を解除すれば、社会的信用を失うかもしれないが、それはあくまでも道徳的倫理的なレベルの問題であり、法的責任とは異なる。この規定は、贈与は贈与者が一方的な損失を負うところ、熟慮しないで安易に契約を申込んだ場合から贈与者を保護するためのものである。

　贈与が行われる前提として、当事者間に一定の人間関係（たとえば姻戚、友人、職場関係など）があることが多い。高齢化社会では、遺言と同様の機能を果たす死因贈与（554条）や、後見制度と同様の機能をもつ負担付贈与（553条。たとえば、扶養してもらう代わりに土地・建物を子供に贈与する場合）などが用いられており、重要な意味をもっている。

3 売　　買

(1) 意　　義

　AがBにプレゼントしたものが、D店から購入した商品だったとしよう。中身が壊れていた場合、AはDに契約違反を主張できそうである。すでに述べた債権の基本ルールである債務不履行責任（7章参照）の特別規定として、売買契約の場合には、買主を保護するために、より厳しい責任（売主の担保責任。(2)参照）が定められている。

　Aの例に限らず、私たちは生活のため、様々な物（たとえば、飲食物や家電製品、インテリア、衣類、自動車など様々な動産や、土地・建物といった不動産）を購入している。これは売買契約とされ、民法には様々な規定がある（555条～585条）。物以外の様々な財産権も、売買契約の対象とされる。売買契約が成立すれば、売主には**財産権を移転する債務**が、買主には**代金支払債務**がそれぞれ発生する（555条）。売買契約には、予約、手付、売主の担保責任、買戻しなどの規定がある。売買契約は有償契約の典型とされているため、売買契約に関する規定（たとえば予約や手付は重要）は他の有償契約に準用される（559条）。

(2) 売主の担保責任

① 担保責任の意義と要件

　上記事例においてDは中身が壊れていない商品をAに引き渡すべきことは言うまでもない。売主は買主に対して契約内容に適合した物を引き渡す義務を負うからである。したがって、商品の中身が壊れていた場合、AはDに商品の交換や修理などを請求できるのは当然である。すなわち、「引き渡された目的物が種類、品質又は数量に関して契約の内容に適合しない」場合、売主は一定の責任を負わなければならない（562条～564条）。これを**売主の担保責任**という。**買主は、目的物の「種類、品質又は数量」に関して、契約内容に適合しないことを証明すれば、売主の責任を追及することができる。**

　売買契約は人の生活や活動に不可欠で重要な契約であることから、債務不履

図表11-1　売主の担保責任

売主D　　　　　　パソコンの売買契約　　　　　　買主A

契約内容に
適合しない

ひびが入っていた

＊追完請求（562条）、代金減額請求（563条）
＊損害賠償請求（415条）、契約解除（541・542条）

行から買主を保護するとともに、誰もが安心して売買をすることができるようにしたのである（取引安全の保護）。

② 担保責任の効果

買主は、売主に対して、「目的物の修補、代替物の引渡し又は不足分の引渡し」をするよう請求できる（562条）。これは、不適合であった目的物の「種類、品質又は数量」について、後から契約内容に適合させるよう「修補、代替物の引渡し又は不足分の引渡し」を請求できるので、**追完請求権**という。

また、追完請求できる場合において、買主は相当期間を定めて履行の追完を催告し、その期間内に追完がないときは、不適合の程度に応じて**代金減額**を請求することができる（563条1項）。追完が不可能であったり、売主が追完を拒絶する意思を明確に表示していたり、追完が意味をもたなかったりする場合などには、直ちに代金減額を請求することができる（563条2項）。

さらに、買主は、追完請求あるいは代金減額請求に合わせて、損害賠償（415条）を請求したり、契約の法定解除権（541条、542条）を行使することもできる（564条）。なお、買主は種類または品質の不適合を知った時から1年以内に売主に通知する必要がある（566条）。

③ 危険負担の特則

売買契約の目的物が買主に引き渡された後に、売主と買主いずれの帰責事由にもよらずに滅失または損傷した場合、売主の担保責任は認められないし、買主は代金の支払を拒むことができない（567条）。

これは、双務契約における危険負担（⑩章参照）の特則である。

(3) 特殊な売買

現在では、技術革新により、民法が予定していない売買が多く行われている。日用品や飲食物から高額商品などの購入に当たって広く用いられる、カードを使った購入はその一例である。カードと一口にいっても、現金払いと同じ機能のもの（デビットカード）から、クレジット機能がついているもの（クレジットカード）まで、様々であり、利便性が高い。その反面、法的な仕組みは複雑で、様々なトラブルがあり、割賦販売法が購入者を保護する規定を設けている（契約内容の開示や支払停止の抗弁、クーリング・オフなど）。

4　賃　貸　借

(1) 意　　義

Aの借りているマンションが大雨のときに雨漏りした場合、誰が修理をしたらよいだろうか。土地価格の高騰のため、家賃を上げたいと主張する賃貸人に対して、Aはどうすればよいだろうか。

これらはいずれも賃貸借契約におけるトラブルである。家族でレジャーに行くためにレンタカーを借りるのも賃貸借契約である。賃貸借契約が成立すれば、貸主（賃貸人）には**物を使用・収益させる債務**が、借主（賃借人）には**賃料を支払う債務**がそれぞれ発生する（601条）。

賃貸借契約の対象は物である。原則として動産と不動産を区別しないが、不動産に特有の規定もある。不動産物権変動の対抗要件である登記（⑤章参照）を債権である不動産賃借権に認めて、物権と同様の効力を認める（605条、605条の4）ほか、賃貸人が賃貸不動産を売却した場合などに新たな所有者を自動的に賃貸人にする規定（605条の2）などである。

また、不動産賃貸借については、民法の特別法である**借地借家法**がある。同法は、賃借期間の更新を認めない定期借地・借家を規定する一方、貸主の更新拒絶に正当事由がない限り借主からの賃借期間の更新を認める借地・借家を規

定し、借地権・借家権の存続保護を図っている。また、借地権・借家権の登記
がなくても、他の事由（借地の場合は借地上建物の登記、借家の場合は借家の引渡
し）があれば、借地権・借家権を登記した場合と同様の対抗力を借主に認めて
いる（借地借家法10条、31条）。この法律により、不動産賃借権は債権でありな
がら、いくつかの点で物権たる地上権（4章参照）に匹敵する強さを持つよう
になっている。

　なお、ただ（無償）で借りるときは、賃貸借ではなく**使用貸借**（593条～600
条）となる。使用貸借については、無償であることから、借主が借用物の通常
の必要費を負担したり（595条1項）、貸主が修繕義務を負わなかったり、第三
者に対する対抗力を備える方法がなかったり、解除による契約終了が賃貸借よ
りもより容易に認められたりしている（598条）。また、贈与契約と同様に、書
面によらない使用貸借の場合、貸主が物を引き渡すまでの間は、いつでも貸主
から契約解除できるものとされる。

(2) 継続的契約としての賃貸借

　賃貸借契約の特徴は、債権・債務が一定の期間継続している点にある（継続
的契約）。

　この点から賃貸人と賃借人の利害調整をするための工夫がある。たとえば期
間の決め方についての規定（602条～604条）、期間を定めなかった場合の解約申
し入れについて、その効力が生ずるまでの猶予期間を設ける規定（617条）、解
除の効力を契約締結時に遡らせず将来に向かってのみ生ずるとする規定（620
条）、契約終了後の賃借人の**原状回復義務**を認める規定（621条）などである。

　継続的契約は当事者が互いに一定期間にわたって債権・債務をもつことか
ら、商品を一度だけ購入する場合の売買契約と異なる親密な**信頼関係**がある。
民法には、それを間接的に表す規定（たとえば1条2項）があり、判例や学説は
「信頼関係」を前提としたトラブル解決の仕組みを認めている。債務不履行に
よる法定解除権や賃貸人の承諾のない又貸しの場合の解除権に対する制限がそ
の例である。

⑶ 賃貸人と賃借人の権利・義務

　さて、上記事例の解決である。賃貸借契約によって、賃貸人は物を使用・収益させる債務を、賃借人は賃料支払債務を負うとして、それ以外にどのような権利・義務があるかが問題となる。

　まず、賃貸借した物の修繕が必要な場合（事例ではマンションの雨漏り）、誰が**修繕義務**を負うのか。契約自由のもとでは、当然当事者が合意によりそれを決められるが、特別の合意がない場合、賃貸人が修繕義務を負う（606条）。賃貸人には契約に適した状態で目的物を賃借人に使用・収益させる義務がある以上、修繕しないと使用できない状態を放置することは義務違反になるからである。緊急の場合などに賃借人が修繕できるのは当然で、その場合には修繕費用を賃貸人に請求できる（607条の2、608条）。

　つぎに、賃料の支払に関して、土地や建物の賃貸借の場合、契約時に一時金（礼金、敷金、保証金などといわれる）の支払を求める慣行があったり、継続的契約であることから、景気の変化から賃料の増減が必要なこともある。

　一時金については、**敷金**という項目が設けられ、賃料不払いを担保する目的の一時金は名称に関係なく「敷金」に当たるとされ、契約終了時に必ず清算しなければならない（622条の2）。

　賃料の増減については民法の規定（609条、611条）もあるが、土地・建物の賃貸借の場合は借地借家法で当事者の権利とされており、当事者間で合意できない場合には裁判所が調整し決定することになっている（借地借家法11条、32条）。

　民法は、これ以外にも賃貸人と賃借人に様々な権利、義務を定めており、他人に又貸ししたり、賃借権を譲渡した場合の規定（612条、613条）もある。

5　消費貸借

⑴ 消費貸借の意義

　Aは子供Cが小学校に入学するのを機に、土地を購入して、一戸建ての住宅を建設しようと考えた。土地の購入は不動産の物権変動であり、登記制度が重

要となるが（詳しくは⑤章参照）、ここでは、Aが資産をもたない場合、土地や住宅を手に入れるための資金をローンでまかなうことになる点を考えよう。

民法はすでにのべたように、**ローン（貸付）を消費貸借**（587条〜592条）として位置づけており、借りた物と同じ「種類、品質及び数量」の物を返せばよい。金銭の場合、借りた金銭と同額の金銭を返すことになる。これを**金銭消費貸借**（金消ともいわれる）という。

(2) 利息付の金銭消費貸借

銀行ローンでは通常、利息が付けられている。民法では、消費貸借を無償契約としているため、無利子の金銭貸付が原則である（589条1項）。しかし、当事者の合意（特約）で利息をつけることは自由であるから、銀行ローンの場合には当事者の合意によって利息が付けられているのである。利息付金銭消費貸借は、金銭の借入れに対して借主が利息を支払うことから有償契約となる。

利息は「元本使用の対価」である。借り受けた金銭（元本）を使用させてもらう対価（費用）として支払われる金銭が利息であるから、賃貸借の賃料と同様と考えればよい。利息は元本に対する一定の割合（利率）を用いて算出される。元本額に対して、使用する期間（借入期間）と利率を乗ずるのである。

たとえば、1000万円を10年間、利息年3％で借り入れる場合、1000万円×10×3％（3／100）＝300万円となる。

利率は年、月などの期間に対応して表現される。どの期間に対応するかは利息額に大きく関係するから、ローンの際には十分に確認する必要がある。法律では、1年間の利率（年率）で示されている。

さて、利息については**利息制限法**で規制がある。元本額に応じて利率の上限が設けられている（元本10万円未満は年20％、10万円以上100万円未満は年18％、100万円以上は年15％）ほか、金銭消費貸借にかかる費用は名目にかかわらずすべて利息とされ、利息の天引きにおける特則、損害賠償額として利用される場合（遅延利息）の制限などの規定がある。弱者である借主につけこんだ高利貸しを規制し、借主を保護するためである。同様の観点から、貸金業者に対する貸付条件の開示義務や登録制を規定する貸金業法もある。

(3) 要物契約としての消費貸借とその例外

　民法上の消費貸借は原則として**要物契約**とされる（587条）。すなわち、金銭消費貸借では、貸主が借主に対して金銭を渡さない限り、契約は成立しない。単なる合意だけでは、貸主が金銭を貸し付ける債務は生じないことになる（その意味で片務契約とされる）。これは、高利貸しによる天引きを予防したものといわれている。

　実際のローンでは、借主が金銭を受け取って契約を成立させるのではなく、貸主が金銭を貸し付ける債務を負う契約（契約成立後に貸主が金銭を引き渡す契約）も多い。カードローンはその典型である。そこで2017年の民法改正によって、「書面でする消費貸借」は書面による合意のみで成立する諾成契約（諾成的消費貸借）とされた（587条の2）。この場合、貸主は金銭その他の物を引き渡す義務を負い、借主は受け取った物と同種・同品質・同量の物の返還義務を負う。

6　請　　負

(1) 意　　義

　Aが一戸建て住宅建築のため、銀行からローンを受け、土地を購入できたとしよう。つぎは住宅の建築である。喜び勇んで、AはE建設と交渉して、建築を依頼した。一国一城の主になる気分にひたるのはよい。しかし、そこには様々なトラブルが待ち受けているかもしれない。

　ここでは、完成した住宅の引渡しを受けて生活を始めたのち、雨漏りがみつかった場合を考えてみよう。まずAとE建設の間の注文住宅建築を依頼する契約は、民法上、請負契約（632条〜642条）とされる。コンピューターソフトの開発もこの例である。

　請負契約は、金銭支払の対価として、住宅の建設のような「ある仕事の完成」をすることが内容となっている。請負契約が成立すると、仕事を依頼された者（請負人）には「ある仕事を完成させる」債務が、依頼した者（注文者）には「仕事の完成に対する報酬を支払う」債務がそれぞれ発生する（632条）。

(2) 請負人と注文者の権利・義務

　請負人が完成させるべき仕事の内容は、当事者の合意で決められるほかない。上記事例では、ＡとＥ建設が交渉により、どのような住宅を建設するかを自由に決めればよいのである。

　それでは、雨漏りの事例はどう解決すればよいか。請負人が仕事を完成させる債務があるとすれば、雨漏りするような住宅は住宅として未完成であるから、債務を履行していないと考えることができる。これは債務不履行に当たるであろう。この場合、請負契約は有償契約であるから、売買契約の規定が準用され（559条）、売主の担保責任の規定が請負人の責任の担保規定として使われる。ただし、民法は請負契約に**特別な担保責任の制限**を定めているので注意すべきである。

　すなわち、「請負人が種類又は品質に関して契約の内容に適合しない仕事の目的物を注文者に引き渡したとき」は、原則として、売買契約の担保責任が適用され、注文者は請負人に対して、売主に対する場合と同じように、追完請求、報酬減額請求、損害賠償請求、解除権の行使をすることができる。しかし、「適合しない」理由が「注文者の供した材料の性質又は注文者の与えた指図」による場合には、責任は注文者にあるから、請負人の担保責任は原則として否定される（636条本文）。なお、担保責任の期間制限は売買と同様の規定になっている（不適合を知った時から１年以内に通知することが必要）（637条）。

　ところで、上記事例の住宅建築のように、ある物を製作し完成させた場合、完成した物は最終的に注文者の所有物になるが、いつ所有物になるのか（いつ所有権が移転するか）という問題もある。これは材料費を誰が調達したかによって異なる可能性がある。請負人がすべて材料を調達した場合は、いったん請負人の所有物とした上で、いつ所有権を移転するかが問題となる。これに対し、注文者が材料を調達した場合は、そもそも注文者の所有物を請負人が預かることになることから、注文から仕事の完成に至るまでつねに注文者の所有物とみてよいかが問題となろう。しかし、注文者が材料を調達した場合でも、請負人の手で作り上げたという付加価値がある上、注文者が報酬を支払わない場合にまで、所有権をつねに注文者のものにしてよいだろうか。

そこで、完成した物の引渡しと報酬の支払いは、同時履行の関係（10章7(2)参照）にたつとされている（633条）。

7　そ　の　他

　これまで挙げた契約以外に、Ａの生活と民法の契約はどのように関わっているであろうか。

　Ａの会社勤めは形式的には、**雇用契約**（623条〜631条）に当たるといえる。しかし現在の会社と従業員の関係をみれば、民法が前提とする対等な当事者関係とは言い難い。そこで、憲法上、労働者である従業員には労働基本権があるほか、労働法の分野で、労働条件の確保や契約終了に関わる労働者の保護が認められ、会社のような使用者に対して様々な義務が課されている。たとえば最低賃金が保障されたり、安全な労働環境の整備が義務づけられたり、不当な解雇を禁止する規定などである。

　Ａは当然、銀行預金をもっているであろう。これは一般に、**寄託契約**（657条〜666条）の一種とされ、**消費寄託**（666条）に近いといわれている。寄託契約は無償で、他人の物を保管する内容の契約で（657条）、預かった物を一定の注意をもって保管して必要な時期に返還する（659条、662条〜664条）。預金の場合、預かったものが金銭であり、それを銀行が自由に使って（銀行が運用して）、預かった金額を払い戻すことになっている。預金にも様々な種類がある上、預金契約に関わって、キャッシュカードなどによる不正な引き落としや不正・誤送金、預金を担保とした貸付など私たちが直面する様々な問題が考えられる。これらの具体的な解決は民法を基礎にしながら、実務や特別法に委ねられており、金融取引法という分野の問題である。銀行は金融機関として、貨幣経済社会で重要な役割があるから、銀行法などの特別法で守られている。

　Ａの子Ｃが病気になって医者にかかったとしよう。ＡはＣの保護者として、病院との間で医療契約を結び、治療を受けることになる。**医療契約**は一般に、民法の**委任契約**（643条〜656条）の一種とされ、とくに**準委任**（656条）に近いといわれる（治療は「事実行為」であり、法律行為ではないため）。委任契約（無償

が原則）は、依頼された法律行為をすることを内容とする契約（643条）であり、受任者は、依頼に適した行為を行わなければならない。そこでは、重い注意義務が課されている（644条）。また、医療契約は人の生命や身体・精神などの人格権に対する介入を伴うことから、治療内容の適切性の問題とともに、インフォームドコンセントが求められ、医師には十分な説明義務が課されている。

　Aが仕事で自動車を運転中、他の自動車と接触して車体に損傷を受けたとしよう。Aも相手方も双方がミスを認め合っているような場合はあえて事を荒立てる必要はなく、当事者の合意によって解決した方が、双方にとって望ましいトラブルの解決である。契約自由からも当然認められるべきである。民法はこのような場合を想定し、**和解契約**の規定を設けている（695条〜696条）。Aは相手方との間で、現時点で双方が金銭を支払わず、事故後に金銭を請求することもしないとの合意をしたとしよう。これで和解契約は成立する。その要点は、当事者双方が「互いに譲歩をしてその間に存する争いをやめること」を合意する点である（695条）。和解は当事者の意思を尊重する解決法であることから、裁判になった場合でも利用される。裁判における和解は、民事訴訟法の分野の問題に関わる。

12章　債権各論（3）
不法行為その他

1　私たちの生活と不法行為

　債権によって私人間のトラブルを解決する制度として、民法は契約（10章、11章）以外に、**不法行為、不当利得**（本章7）、**事務管理**（本章6）を規定する。まず不法行為からみてみよう。そこで、前章Aの事例を思い出してもらいたい。

　Aは念願のマイホームを手に入れ、子Cの小学校生活も始まった。Cが小学校で友人と遊んでいるとき、友人の不注意でけがをしたとしよう。また、自動車を運転していたAが、ある会社の従業員が運転する後続車の前方不注意で追突事故にあったとしよう。さらに、国の河川管理が不十分であったため、台風による水害でせっかくのマイホームが損壊したとしよう。

　不幸続きのAやCは、誰に対し、どのような理由で、どのような内容の責任を追及できるだろうか。これは不法行為（第3編第5章709条～724条の2）の問題である。

2　不法行為の意義

(1)現代社会と事故

　上の例に限らず、社会の至るところに、様々な危険が待ち受けている。たとえば、ここ数年の交通事故件数は人身事故30万件を超え、負傷者は約37万人、死者はこの10年ほどで減少しているとはいえ、2800人を超えている。

　交通事故の原因である自動車は社会生活や経済活動に欠かせない高度な科学技術の粋をつくした宝物である一方で、私たちの生命や身体をおびやかす凶器でもある。自動車をこの世からなくしてしまえば被害はゼロにできるが、利便

性ゆえに私たちは自動車を使い続けている。注意深い運転をすれば事故はゼロになるとの意見もあるが、人の注意に限界はないだろうか。

　現代社会に生きる私たちは、様々な利便性の陰で多くの事故と被害が生まれていること、それがいつ自分にふりかかるかしれないこと、加害者にもなりうること、そして残念ながら事故を完全に予防できないことから、目を背けてはならない。

(2) 不法行為の意義と機能

① 不法行為の意義と機能

　誰でも事故の被害者になれば、事故をおこした加害者に対して、自分の受けた被害を償ってもらいたいと思うのが人情かもしれない。不法行為の目的は、事故による被害者の救済であり、これを損害塡補機能という。

　ところで、加害者はつねに、他人に与えた損害に対して責任を負うべきだろうか。被害者でなく加害者の立場で考えれば、加害者自身が責任を負わされて当然といえる行為をした場合はともかく、そうでない（たとえば、防ぎようのない事故の）場合にまで責任を負わされるのは納得いかないであろう。自分ではどうしようもない結果、自分で防ぐことのできない結果に対する責任を負わされることになると、私たちは何をするにも結果を恐れ、結局何もしないという選択をするほかない。これでは、社会や科学技術の進歩は望めないであろう。最善の行為をしたという場合にはたとえ他人に損害を与えたとしても、むしろ責任を負わせるべきではない。つまり、私たちが他人に損害を与えたことの責任（不法行為責任）は、結果に対する責任（結果責任）ではなく、必要な行為をしなかったことに対する責任（行為責任）といえる。そこで民法は、過失責任の考え方を採用している（本章2(3)、3(2)参照）。

　責任を認めてよい場合に、事故から生じた被害に対して、どこまで負担すべきかという問題もある。考え方によっては、事故の被害も無限に連鎖させることができるから、被害者の主張する言い値のすべてを被害として認めるわけにはいかない。責任を負うべき被害については、相当な範囲として社会的に受け入れられる範囲に限定すべきであろう。また、被害者にも一定の責任が認めら

れる事故も考えられるが、その場合に、すべての責任を加害者に負わされるのは不公平であろう。これらは**因果関係**（本章3(5)参照）、**損害賠償の範囲**（本章4(1)）の問題である。

すでに述べたように、「損害塡補機能」は不法行為の重要な役割であるが、これは無条件の結果責任ではないことを理解しておくべきである。

ところで、加害者に責任があるとして、謝罪行為を法によって強制できるであろうか。また、強制された謝罪は本当の謝罪かという問題もある。むしろ損害賠償責任を負うことで、**社会的制裁**を受けることも考慮すべきである。

また、不法行為には事故を予防し、抑制する役割もあるといわれる（**事故抑止機能**）。一度事故を起こし損害賠償責任を負った者は、事故前より慎重な行動をとると考えられるからである。どんな場合に損害賠償責任を負うのかを知っていれば（予想できれば）、責任を負わないような行動をとることも可能である。事故を起こしたいと考える人は誰もいないとすれば、不法行為の制度を民法に規定しておくことで、事故を抑止する行動をとることが一般的に期待できるのである。

なお、損害を完全に予防できない現代社会においては、被害者の救済（損害塡補機能）を不法行為だけに期待するのは無理である。そこで、事故による損害をカバーするために、様々な**保険制度**が重要な役割を果たしている。

② 刑事責任との区別

不法行為責任は**民事責任**である。

民法は、対等な地位にある人と人の間の紛争解決を目的としている。したがって、紛争当事者の間で納得した解決が得られれば、裁判をする必要はない。そこでは加害者の行為が、かならずしも道徳的倫理的に良いか悪いかということだけによって責任の有無が決定されるわけではない。被害者と加害者の間で、事故の被害をどう負担し合うかを合意できない場合に初めて、民事裁判を通じて解決することになる。

これに対し、**刑事責任**は刑法により、社会秩序の維持などの観点から、**犯罪**として社会的に受け入れることができない（許されない）行為をした者に、**刑罰**を課すことなどで責任を負わせる（犯罪者の矯正・教育も目的とされる）ものであ

る。刑事裁判を通じて刑事責任が認められ、訴追できるのは検察官だけである。

　もちろん1つの事故において、刑事責任と民事責任の双方が問題になることも多い。両責任は基本的に、その目的・内容が異なるし、裁判の手続・内容も異なる。ただし、犯罪被害者等保護法は、犯罪被害者の不法行為に基づく損害賠償請求訴訟において、犯罪被害者の負担軽減を目的として、刑事裁判の中で損害賠償命令の申立てができるなどの裁判手続上の例外が設けられている。

(3) 過失責任

　不法行為の加害者はどのような行為をした場合、責任を負うのか。逆にいえば、加害者が責任を負わされても仕方がない行為とはどのような行為か。

　民法は**過失責任**を採用する。加害者の過失から事故が生じ、それによって被害が生じたことを被害者が証明すれば、加害者の損害賠償責任が認められる。

　たとえば、Aがパーティーでシャンパンをこぼし、Bの衣服を汚したとしよう。Aがわざとこぼした場合に責任があるのは当然として、わざとでなくても、よそ見をしてBに気づかずこぼした場合も責任があるとされるのである。他方で、Aが周りを十分注意していたにもかかわらず、Cが不意にAにぶつかってきたことが原因でBにシャンパンをこぼしてしまったときには、Aの責任はないといってよい。

　これを一般化・抽象化すれば、故意に被害を与えた者が責任を負うのは当然として、加害者が「故意はない」と主張しても**不注意**（過失）で被害を与えた場合には責任があることになる。これは、社会で生活する私たちの共通認識といえよう。他方で、十分な注意を払っても防げない事故がある。この場合には、責任を負う必要はない。要するに社会の一員たる者は、他人に迷惑をかけないよう行動すべきところ、それを怠った場合には、社会共同生活上の道徳的・倫理的責任がある。過失責任は、これを法的責任として認めたのである。

　なお、この前提として、責任を負うべき者は注意を払うことができる者、すなわち自らの行動を自ら判断し自らコントロールできる者である必要がある。

⑷ 無過失責任

① 過失責任の限界

過失責任に反対する者はいないだろうが、これだけで、不法行為責任に与えられる損害填補機能や制裁機能、事故抑止機能を果たすことは難しい。

パーティーの例のように、単純な事故は、個人の注意に委ねる過失責任で解決できる。しかし、現代社会は、個人の工夫（注意）だけで損害を予防するのは困難である。また、**大量生産・大量消費社会**では、一個人のわずかなミスが大きな被害を生む。過失責任で個人に責任を負わせるだけでは、不法行為の意義や機能を十分に果たすことはできないであろう。

私たちは大きな事故であればあるほど、被害者に感情移入する。処理できない負の感情から逃れるために、責任者をまつりあげたくなる。これは人の感情としてやむを得ないかもしれない。しかし過失責任では、責任者をまつりあげることはできても、損害填補や事故抑止という不法行為の役割を十分に果たすことはできない。

また、過失責任では、被害者が損害賠償を求めるために、加害者の過失を証明しなければならない。**巨大で複雑かつ専門的なシステムの中で生じた事故**では、被害者に専門知識や費用などが不足しているため、証拠を集められず、証明が困難となる問題もある。この場合、立証の軽減を図るなどの裁判上の工夫（手続法上の解決）も考えられるが、これは民事訴訟法の問題である。

② 無過失責任の意義と内容

民法は過失責任を原則としつつ、それだけでは不法行為の機能を果たせない場合について例外を設けている。これを**無過失責任**という。民法の特別法にも規定がある。

無過失責任を認める根拠は、過失がない場合でも責任を負わせてよい根拠である。それはどのような場合か。

まず、**危険責任**という考え方がある。これは、損害発生の危険性がある物を支配・管理する者に対して責任を認める考え方である（715条、717条、718条、自動車損害賠償保障法など）。また、**報償責任**という考え方もある。これは、不法行為となる行為から利益を得る者に対して、その利益から損失を負担させる

べきとする考え方である（715条）。

3　一般不法行為の要件

(1)要　　件

一般不法行為とは、過失責任による不法行為をいう。

被害者が加害者に損害賠償責任を求めるためには、**故意または過失**（(2)参照）のほか、**責任能力**（(3)参照）、**権利侵害**（(4)参照）、**因果関係**（(5)参照）が必要である（709条、712条）。

(2)故意または過失

まず、過失責任の考え方から、加害者が故意または過失によって、加害行為をすることが必要である。

①故　　意

故意は、わざと、すなわち他人に損害を与えることを知りながら、あえて加害行為をする意思をいう。積極的に害を加えようとして（すなわち、損害の発生を望んで）行為した場合のほか、損害の発生を望んでいたわけではないが、損害が発生してもかまわないと考えて加害行為をする場合も故意に当たる。

②過　　失

過失は、不注意で、すなわち他人に損害を与えた場合である。これは、社会の行動規範を法律の要件としたもので、不注意は「**社会で生活し行動する一般人が通常注意すべきことがら**」を前提に判断される。加害行為をした個人の個別・具体的な能力を基準としたものではない。

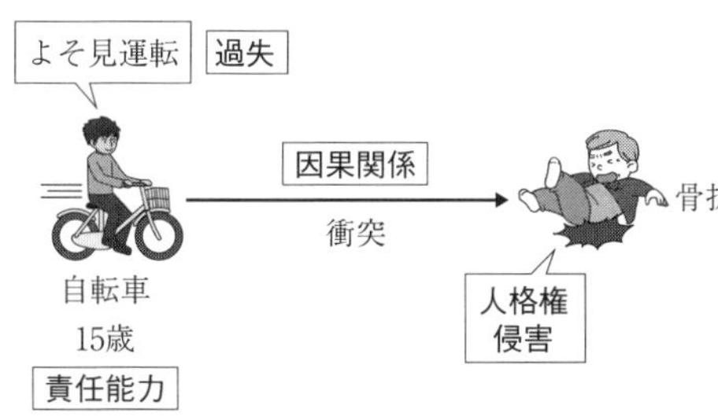

不注意とは、他人に損害を与えないよう注意して行動すべきであるのに、それをしなかったことである。すなわち、①他人

図表12-1　一般不法行為の要件

151

に損害を与えることを知ることができた（**予見可能性**という）場合には、②損害を発生させないよう注意をして行動すべきである（**結果回避義務**という）ところ、③それをしなかった（**結果回避義務違反**という）場合、過失があるとされる。パーティーの例では、①Aはグラスを他人に向けて傾けたり、ぶつければ、シャンパンがかかるということを知ることができるから、②グラスを傾けたり、ぶつけないようにすべきところ、③よそ見をして傾けたり、ぶつけた場合には過失があることになる。なお、自転車のよそ見運転の場合（図表12-1）、どうなるか考えてみよう。

　本人が損害発生を予見していた場合はもちろん、予見していなかったとしても、通常の人であれば予見できた場合は、過失があるとされる。一方、予見が不可能な場合は過失がなく、予見可能性があっても結果回避することが不可能な場合も過失はない。パーティー中に大地震が起きた場合を考えてみよう。

　なお、過失の要件を充たしているかどうかの判断にあたっては、個人の能力を基準にせず、加害者の地位・立場などから通常の（**一般的標準的な**）人を基準にして、社会通念に基づいて行われる（**抽象的過失**という）。

(3) 責任能力

　加害者が行為の時に「注意することができる」能力がなければ、不法行為責任は認められない。過失責任の根拠は、事故が加害者の「不注意」で起きた点にあり、加害者が「注意することができる」ことが前提となるからである。

　この能力は責任を認める要件であるため、「**責任能力**」といわれる。たとえば、幼稚園や小学校での子供同士の事故において問題となる。

　責任能力は**自己の行為の責任を弁識するに足りる知能**とされ、未成年者がこれを備えていない場合（判例では12歳が一応の基準とされる）（712条）のほか、「精神上の障害によって」これを欠く状態にある場合（713条。本条は未成年者か成年者かを問わない）にも、責任能力がないとされる。それでは、通常の判断能力を備えた人が故意・過失によって大量に飲酒したために一時的に正体不明となって不法行為をした場合はどうなるだろうか。精神上の障害には該当するが、責任をまぬがれることはできない（713条ただし書）。

(4) 権利侵害

　不法行為責任を認めるためには、被害者の権利または法律上保護される利益の侵害（「**権利侵害**」という）が必要である。被害者の主張する被害が法的に保護すべきものといえるかどうか問題になる場合があるからである。

　社会全体が法で保護すべきと認める利益について、法律は「権利」と定めることがある（例：所有権。また、条文で権利として定められていない場合でも、法的に権利として認められる場合がある。例：人格権）。上記のように、不法行為責任は、権利の侵害を要件としている。たとえば、死亡や傷害は、生命・身体など人が当然にもつ権利（**人格権**という）の侵害とされる。

　社会の進歩や変化に伴い、「権利」の内容は変化する。たとえば、現在では人格権に**プライバシー**などが含まれるようになった。また、法的に権利とまでは認められていない場合でも、社会の変化から新たに保護すべきものと認められるようになった利益が侵害されたときは、その利益を保護すべきである。この場合は、「法律上保護される利益」の侵害として、不法行為責任が認められる。判例は**日照**や**景観**などを法律上保護される利益として認めている。

　権利または法律上保護される利益が侵害されたといえるかどうかの判断は難しい場合がある。死亡は明確な権利侵害といえるが、健康被害は生じていないが生活環境（人の生活をとりまく様々な要素）に対する悪影響があるとされる場合などである。私たちの生活環境は多かれ少なかれ、悪影響を受けており、その感じ方も人により異なる。そこで、社会における通常の人の生活を基準に、加害者の侵害行為の内容・程度や被害者の受ける利益の内容・程度を比較するなどして、いわば社会感情として我慢できるかどうか（受忍限度を超えているか）といった観点から判断されることがある。日照妨害や景観利益の侵害の判断に当たってもこのような考え方がとられている。

(5) 因果関係

　加害者の行為と被害者が受けた損害との間に、**原因と結果の関係（因果関係）**がなければ、不法行為責任は認められない。

　たとえば、ある事故の後に被害者が死亡した場合には、事故が原因となって

死亡したことが必要である。これを**事実的因果関係**という。医療行為や製品、環境汚染から生じた被害の場合、事実的因果関係の存在を証明するためには、高度な科学的・専門的知見が必要となる上、その証拠となる事実はおもに加害者がにぎっている。これを私たちが証明するのは難しい。また、不法行為責任の機能を考えれば、純然たる科学的因果関係の証明が必要とはいえない。なぜなら、不法行為責任を認めるか否かは、科学や学問の世界の問題でなく、社会における私人間の紛争をいかに解決するかの問題だからである。結局、因果関係の有無は社会通念に基づく**経験的知識や考え方**を前提に判断される。

最高裁は医療事故の事件で、「訴訟上の因果関係の立証は、一点の疑義も許されない自然科学的証明ではなく、経験則に照らして全証拠を総合検討し、特定の事実が特定の結果発生を招来した関係を是認しうる高度の蓋然性を証明することであり、その判定は、通常人が疑を差し挟まない程度に真実性の確信を持ちうるものであることを必要とし、かつ、それで足りる」と判決している（最高裁昭和50年10月24日判決）。

4 一般不法行為の効果

(1) 損害賠償請求権

① 金銭による賠償

不法行為の要件に当たる事実を証明した場合、被害者は加害者に対し、損害賠償請求権を有する（709条）。**損害賠償**は原則として、**金銭**でその額が算定される（722条1項による417条の準用）。

損害賠償を請求できるのは直接の被害者のほか、死亡事故の場合には**近親者**（**遺族**）も含まれる（711条）。

なお、**名誉毀損**の場合には名誉を回復させる必要があることから、損害賠償に代えて、またはそれとともに、「名誉を回復するのに適当な処分を命ずる」ことができる（723条）。新聞による**謝罪広告**などがその例である。

② 損害賠償の範囲

加害者は、被害者が提示し明らかにした損害額のすべてを賠償すべきだろう

か。そこには、おのずと一定の限度・制約があるというべきであろう。たとえ
ば、負傷した者が治療をうけ、入院不要な軽傷にもかかわらず、豪華な個室に
入院し、その費用を請求するのは明らかにやりすぎである。

　判例は、損害賠償の範囲を**相当因果関係のある範囲**に限定する考え方を採用
しており、債務不履行責任における損害賠償の範囲を定める**民法416条**（**7章参
照**）を類推適用している。

③ 賠償額算定の対象となる損害

　具体的に認められる損害には、被害者が受けた**財産的損害**のほか、**精神的損
害**（慰謝料）のような**非財産的損害**も含まれる（710条）。

　財産的損害は、損害の性質によって、人、すなわち生命・身体に関する損害
と、人以外の経済的価値のある財産に対する損害に分けられる。後者について
は、不法行為時点での客観的な市場価値を基準に、不法行為によってどれだけ
価値が減少したかを算定して、損害額が決定される。

　財産的損害には、事故により出費を余儀なくされた損害など（治療費・損壊
した物の代価・賃借料など。**積極損害**という）と、事故により、事故がなければ受
け取ることができたはずの利益（給与など。**逸失利益**という）を受け取れなかっ
たことの損害（**消極損害**という）がある。

　死亡事故の場合の消極損害は、死亡時の収入を基礎に、就労可能年数を乗じ
た額から、**生活費**や**中間利息**（中間利息の算定については、722条1項により417条
の2が準用される）を控除する方法で算定される。生活費は事故の有無にかかわ
らず生活に必要な支出であるから、これを控除しないと、本来被害者が負担す
べきだった支出分まで加害者に支払わせることになる。また、給与などの収入
は一般に月額で受領するところ、一時金として逸失利益の全額を受け取ると、
その運用利益（たとえば、預金の利子）の分だけ、本来得られたはずの収入より
も多くの利益を受け取ることになる。その分を控除することを**中間利息の控除**
という。

④ 損害賠償額の調整

　不法行為の被害者にも過失がある場合、裁判所は損害額算定の際、**被害者の
過失を考慮**できる（過失相殺。722条2項）。損害額から、被害者の過失割合を控

除するのである。これは、加害者に対して、被害者の過失が不法行為や損害発生に影響を与えていた損害まで負担させるのは不公平だからである。なお、実際に考慮するか否かは、裁判所の裁量に委ねられている。

　過失以外にも、被害者側の様々な理由が、損害発生に影響を与える場合があり、公平性の観点から損害賠償額の減額が認められる（**過失相殺の類推適用**）。被害者の素因（心因的・体質的要素や既往症など）が損害を拡大させた場合がその例である。

　これらの減額は、過失や素因が損害に与えた程度を割合で算出した上で、損害額からその割合を控除する方法で行われる。たとえば、加害者と被害者の過失が半々の場合、損害額は半分になる。

　不法行為の結果、被害者が一定の利益を得る場合も、損害額から差し引くことが公平である（**損益相殺**という）。遺族が受け取る年金がその例である。

⑤ 損害賠償請求権の消滅時効

　不法行為による損害賠償請求権も債権であることから、**消滅時効**にかかる。すなわち、①被害者またはその法定代理人が損害および加害者を知った時から３年間、②不法行為の時から20年間、いずれか先におとずれた期間にわたり権利を行使しない場合、損害賠償請求権は時効により消滅する（724条）。

　人の生命または身体を害する不法行為の場合には①の３年間が、５年間に延長される（724条の２）。

(2) 差止請求権

　将来、一定の損害発生が確実に予想でき、その対策が可能であるときには、損害発生をまってから、損害賠償請求権を認めるのでは意味がない。民法709条には損害賠償請求権の文言しかないが、その趣旨を踏まえれば、将来損害賠償請求できることが確実な場合、その予防対策を将来の加害者に負わせるのは当然であろう。このような場合、損害発生の可能性がある行為を行わせないように請求することが認められる。これを「差止請求」という。

　以上のように、不法行為責任を根拠として差止請求を行う場合には、不法行為の要件の立証が必要となる。これに対し、権利侵害の可能性それ自体を根拠

として、差止請求を行うことも可能である。たとえば、生活環境を悪化させる行為について、人格権が侵害されるおそれがあるとして差止請求を行う、というものである。これは、物権的請求権と同じ考え方に立つ方法である。

5　特別な不法行為

(1) 民　　法

　過失責任を原則とする一般不法行為（709条）の例外として、**特別な不法行為**がある（714条〜719条）。以下ではとくに、**監督義務者責任、使用者責任、土地工作物責任、共同不法行為責任**を紹介する。

① 監督義務者責任

　Aの子C（7歳）が小学校で同級生Dにけがを負わされた場合、Dは責任無能力者であるため、不法行為責任を負わない（712条）。この場合、責任無能力者に対して監督義務を負う者（たとえば、Dの両親）に対して、監督義務を怠らなかったこと、または義務を怠らなくても損害が生ずべきであったことのいずれかを証明しない限り、不法行為責任を負わせる制度がある。これを「監督義務者責任」という（714条）。

　これによれば、被害者は責任無能力者から不法行為を受けたことを証明すれば、監督義務者に責任があると推定され、監督義務者が上記事項を証明した場合にのみ免責される。被害者は監督義務者の過失を証明する必要がない点で、証明の負担が軽減されている。

　たとえば、未成年者の場合（712条）、親権者（820条）、未成年後見人（857条）などが監督義務者となる。

② 使用者責任

　Aが、取引先に向かう途中のEの運転する自動車に衝突され、負傷したとしよう。この場合、Eの使用者に責任が認められる場合がある。これを使用者責任という（715条）。事業の執行のために他人を使用する者を「使用者」、Eのように使用者に使用されている者を「被用者」という。

　被害者は、Eの不法行為が使用者の**事業の執行**につき行われたことを証明す

れば、使用者責任を追及できる。使用者は、被用者の選任およびその事業の監督につき相当の注意をしたこと、または相当の注意をしても損害が生ずべきであったことのいずれかを証明しない限り、免責されない（715条1項）。

この場合、使用者には不法行為を行った従業員（被用者）Eに対して、被害者に賠償した額を請求する権利（**求償権**という）がある（715条3項）。

なお、公務員の不法行為に対する国や地方公共団体の責任に関する特別法もある（国家賠償法1条）。

③ 土地工作物責任

Aの隣地にある石垣が老朽化のために崩れてAの建物が損壊したとき、Aは石垣を所有し占有する隣地の所有者に対し、どのような責任を追及できるか。

民法は、土地の工作物の**設置又は保存の瑕疵**によって、他人に損害が生じた場合、その工作物の占有者に損害賠償責任を認めている（717条1項本文）。

土地の工作物は広くとらえられており、建物やその付属物のほか、石垣、鉄塔、プール、遊戯具、トンネル・橋・道路、造成地、鉄道などがその例である。設置または保存の瑕疵とは、**工作物が通常有すべき安全性を欠き、他人に危害をおよぼす危険性のある状態**をいう。その判断は、工作物の構造、用法、場所的環境および利用状況等諸般の事情を総合考慮して個別具体的に行われる。

占有者が、損害発生の防止に必要な注意をしていたことを証明した場合には免責され、この場合には所有者が損害賠償責任を負う（717条1項ただし書）。

他に損害の原因があり、責任を負うべき者が別にいることを証明できれば、占有者または所有者はその者に求償権を行使できる（717条3項）。

なお、道路、河川その他の公の営造物の設置又は管理に瑕疵がある場合の国や地方公共団体の責任について、特別法がある（国家賠償法2条）。

④ 共同不法行為責任

複数の者が共謀して不法行為を行った場合、誰の行為が損害発生の原因か（因果関係があるか）が不明のときに、誰にどのような責任があるのだろうか。たとえば、工業地帯での大気汚染の場合、どの事業者が加害者かを証明するのは難しい。交通事故の被害者が病院の医療ミス（過誤）もあって死亡した場合

も同様である。

　民法はこれを共同不法行為者の責任として、不法行為をした複数者に対して、連帯責任を負わせる場合を認めている（719条1項）。不法行為をそそのかしたり（教唆）、それに手を貸した（幇助）者も同様である（719条2項）。

(2) 特 別 法

　複雑な現代社会で生ずる多様な不法行為に対応するため、様々な特別法による不法行為責任が認められている。以下では、**自動車損害賠償保障法、製造物責任法**を紹介する。

① 自動車損害賠償保障法（自賠法）

　この法律は、自動車事故で生命・身体に被害を受けた者の損害賠償を保障する目的で作られた。現代社会においては、自動車が不可欠のものであり、自動車事故も不可避であるから、実質的な無過失責任を認めることで被害者を保護し、かつ事故を抑止させる一方、責任保険により資力のない加害者から被害者を保護し、かつ加害者の事故による賠償リスクを分配している。

　自己のために自動車を運行の用に供する者（運行供用者）は、自動車の運行によって他人の生命・身体を害した場合、損害賠償責任を負う。その上で、運行供用者が自己や運転者に運行上の不注意がないこと、被害者または運転者以外の第三者の故意・過失があったこと、自動車に構造上の欠陥または機能の障害がなかったことのすべてを証明できた場合にのみ免責される（自賠法3条）。

　自動車の保有者は責任保険に加入することが強制され（同法5条）、決められた範囲で損害賠償がカバーされている（同法11条、15条、16条）。

　自動車の保有者は一般に運行供用者にあたるが、盗難者が運転中事故を起こした場合は、盗難者が運行供用者になる。盗難車、ひき逃げ、保有者が責任保険に未加入だった場合などには、政府が政令で定める金額の限度で被害者が受けた損害を塡補する仕組みがとられている（同法71条、72条）。

② 製造物責任法

　私たちの生活は様々な製造物で支えられている。**製造物の欠陥**によって人の生命、身体または財産に被害が生じた場合、製造者に対して損害賠償責任を負

わせる（製造物責任法3条本文）のがこの法律である。

　製造物は「製造又は加工された動産」に限られ、「当該製造物の特性、その通常予見される使用形態、その製造業者等が当該製造物を引き渡した時期その他の当該製造物に係る事情を考慮して、当該製造物が通常有すべき安全性を欠いている」場合に、欠陥が認められる（同法2条）。

　製造業者が、製造物の引渡時点での「科学又は技術に関する知見によっては、当該製造物にその欠陥があることを認識することができなかった」こと、当該製造物が他の製造物の部品又は原材料として使用され、その欠陥がもっぱら他の製造物の製造業者の設計に関する指示に従ったことから生じ、かつその欠陥が生じたことにつき過失がないことを証明すれば免責される（同法4条）。

6　事務管理

　隣人AのペットがBの家に迷い込んできたため、Bがエサを与えて介抱しようと考えた。みなさんならどうするだろうか。これは基本的に、A・Bの人的・信頼関係に基づいた道徳倫理的な問題として処理すべきであろう。

　ところが民法は、このような場合にも、事務管理（第3編第3章、697条～702条）で解決するための規定を設けている。

　上記の例でBにペットを介抱する法的義務はないが、ひとたび、Bが介抱する行動を起こした場合は、Aに対して、一定の責任を負うべきものとした。

　法的義務を負わない場合に、他人（本人という）のすべきことがら（**事務管理**という）にあえて介入した者（**管理者**という）は、「その事務の性質に従い、最も本人の利益に適合する方法によって」事務の管理をする義務を負う（697条1項）。上記の例では本人がA、管理者がBである。

　事務管理に当たり、本人の意思を知りまたは推知できる場合はそれにしたがい行動すべきとされる（697条2項）ほか、事務管理の開始を知らない本人への通知義務（699条）、本人が事務管理できるようになるまでの事務管理継続義務（700条）があり、委任の規定（645条～647条）が準用される。

　管理者は報酬を請求することはできないが、本人のために有益な費用を支出

した場合には、その償還を請求することができる（702条）。

7　不当利得

　Aの隣人Bがみずからの果実と誤認してAの果実を収穫した場合や、詐欺や錯誤によりCに物を売却したAが売買契約を取り消した場合、Aは、BやCに対し、果実や物を返還してもらいたいであろう。

　このような場合の返還の根拠となる規定が、不当利得（第3編第4章、703条〜708条）である。すなわち、法律上の原因なしに他人の財産または労務によって利益を受け、そのために他人に損失を与えた者（受益者という）は、他人（損失者）に対して、みずからが受けた利益を返還する義務を負う。つまり、損失者は受益者に対して**不当利得返還請求権**を取得する。

　法律上の原因がないことを知らなかった善意の受益者は、「利益の存する限度において」すなわち**現存利益**（受益者の手元に残っている物や金銭）の範囲で返還し（703条）、法律上の原因がないことを知っていた悪意の受益者は、受けた利益の全部に利息を付けて返還しなければならない（704条）。原物の返還が可能な場合は原物を、不可能な場合は原物の価格に相当する金額を返還することになる。なお、債務がないことを知ってした弁済、期限前の弁済、他人の債務の弁済については特則がある（705条〜707条）。

　ある法律行為が公序良俗違反に当たるとして無効とされ（90条）、不当利得が生ずる場合に、公序良俗違反をした者に不当利得返還請求権を認めると、公序良俗違反者を法で保護することになる。この場合、公序良俗違反行為のような不法な行為を抑止する目的から、原則として、不当利得返還請求は認められない（708条）。これを**不法原因給付**という。

13章　　　親　　族

1　はじめに

(1) 家事事件と家庭裁判所──財産事件とはどこが違う？

　夫婦や親子などの家族関係に関わる争いを**家事事件**と呼ぶ。これまで学んできた財産をめぐる争いとの大きな違いは、取り扱う裁判所が異なっていて、手続きが違う点である。

　たとえば、契約違反や不法行為に基づく損害賠償請求事件をみてみよう。これらの事件は、民事訴訟として取り扱われ、まず地方裁判所が裁判を担当する（金額によっては簡易裁判所）。民事訴訟は決闘のイメージで語られる。原告と被告は自らが選んだ武器（条文や証拠）で法廷に臨む。原告と被告は、対立する立場にたち、一定の手続きに従って攻撃と防御を繰り返す。その後、裁判官はジャッジとして勝ち負けの宣言をする。

　これに対して、離婚については、いきなり訴訟をすることは許されない。まず**家庭裁判所**に調停を申し立てなければならない（このルールを**調停前置主義**という）。裁判所は、夫婦の双方から話を聞き、調停案を提示する。離婚についてのみ定めるのではなく、親権者の指定や養育費の負担、面会交流など、離婚に伴う様々な問題を併せて解決するよう調停することもできる（また、そのように調停することが期待されている）。夫婦は、裁判所から示された調停案に同意することもできるし、拒否することもできる。同意すれば、調停に判決と同様の効果が与えられる。同意しなければ調停は不成立となる。この場合、離婚を求める側は、家庭裁判所に離婚の訴えを提起することになる（**人事訴訟**）。

　家事事件の手続きは決闘のイメージとは異なっている。裁判官は、原告と被告に攻撃・防御を行わせ、その勝ち負けを判定する役割ではなく、当事者に積極的に関わりながら、円満な紛争解決をサポートする役割を果たしている。

(2) 戸籍制度

　人の家族関係や家族における地位（身分という）は、戸籍に登録される。人は出生すれば、出生届により戸籍簿に記載される。また、結婚する2人が挙式を済ませたとしても、法律上結婚したことにはならない。婚姻届を提出して、婚姻を戸籍簿に記載しなければならない。

　戸籍は、人の身分関係を公証することで、近親婚や重婚の防止、相続人の確認など、様々な場面で重要な役割を果たしている。

　夫婦と子は同一の戸籍簿用紙に記載される。子は結婚をすると父母の戸籍から除籍され、夫婦の戸籍が編成される（三世代戸籍禁止の原則）。また、女性は、結婚しなくても、出産をした場合には自身について新たな戸籍が編成される。

2　婚姻——夫婦関係の成立とその効果

(1) 婚姻の成立

　婚姻が成立するためには、婚姻する意思があること、**婚姻を届け出ること**が必要である（739条）。婚姻には、年齢（731条）、重婚の禁止（732条）、近親者間の婚姻の禁止（734条）、といった制限がある。婚姻できる年齢は、かつては男性が18歳、女性が16歳とされていたが、2018年の民法改正によって、性別にかかわらず18歳に統一された。また、成年年齢が20歳から18歳に引き下げられたことに伴い、未成年者の婚姻に関する規定（737条）や、未成年者が婚姻した場合には成年に達したものとみなす旨の規定（753条）が削除された。

　なお、女性についてのみ再婚禁止期間を定める民法733条は、かつて期間を6カ月としていたが、最高裁によって100日を超える部分は違憲と判断された（最高裁大法廷平成27年12月16日判決）。その後2016年に、同条の期間は国会で100日へと改正され、さらに2022年の民法（親子法制）改正によって条文自体が削除され、再婚禁止期間は廃止された（同改正の施行日については本書「第2刷にあたって」を参照）。

附録第六号　戸籍の記載のひな形（第三十三条関係）

（昭和三〇法務省令五七・昭和三五法務省令六三・昭和三一法務省令一〇一・昭和三四法務省令八・昭和三一法務省令五七・平成六法務省令四〇、昭和三〇法務省令二一六・昭和五一法務省令五五・昭和五四法務省令六八・平成六法務省令五一改正）

注意（このひな形は、戸籍の記載の相当な記載すべき事項欄及び必要な記載事項を全部示すものであり、特殊な記載例をも示すものではない。）

図表13-1　戸籍（ひな形）

本籍	東京都千代田区平河町一丁目十番地	氏名	甲野義太郎

平成四年壱月拾日編製印

平成五年参月六日平河町一丁目十番地に転籍届出印

父　甲野幸雄　　母　松子　　長男　義太郎

昭和四拾六年六月弐拾壱日東京都千代田区で出生同月弐拾五日父届出入籍印

平成四年壱月拾日乙野梅子と婚姻届出東京都千代田区平河町一丁目四番地甲野幸雄戸籍から入籍印

平成参年参月拾七日妻とともに乙川英助を養子とする縁組届出印

同月弐拾日大阪市北区長から送付印

平成五年壱月七日千葉市中央区千葉港五番地丙山竹子同籍信夫を認知届出印

生出　昭和四拾六年六月弐拾壱日

夫　義太郎

父　乙野忠治　　母　春子　　長女　梅子

昭和四拾壱年八月八日京都市上京区で出生同月拾日父届出入籍印

平成四年壱月拾日甲野義太郎と婚姻届出京都市上京区小山初音町十八番地乙野梅子戸籍から入籍印

平成参年参月拾七日夫とともに乙川英助を養子とする縁組届出印

同月弐拾日大阪市北区長から送付印

生出　昭和四拾壱年八月八日

妻　梅子

父　甲野義太郎　　母　梅子　　長男　啓太郎

平成四年拾壱月弐拾日東京都千代田区で出生同月拾日父届出入籍印

平成参年参月拾六日父甲野義太郎の推定相続人廃除の裁判確定

同月弐拾日大阪市北区長から送付印

平成参年参月六日丙野松子と婚姻届出横浜市中区長から送付同区昭和町十八番地に送付夫の氏の新戸籍編製につき除籍印

生出　平成四年拾壱月弐拾日

啓太郎

図表13-2　戸籍（全部事項証明書）

付録第二十四号　第七十三条第一項の書面の記載のひな形（第七十三条第六項関係）（平成一六法省令七六改正）

	（6の1）	全部事項証明

本　　籍	東京都千代田区平河町一丁目10番地
氏　　名	甲野　義太郎

戸籍事項 　戸籍編製 　転　　籍	【編製日】平成4年1月10日 【転籍日】平成5年3月6日 【従前の記録】 　【本籍】東京都千代田区平河町一丁目4番地
戸籍に記録されている者	【名】義太郎 【生年月日】昭和40年6月21日　　【配偶者区分】夫 【父】甲野幸雄 【母】甲野松子 【続柄】長男
身分事項 　出　　生 　婚　　姻 　養子縁組 　認　　知	【出生日】昭和40年6月21日 【出生地】東京都千代田区 【届出日】昭和40年6月25日 【届出人】父 【婚姻日】平成4年1月10日 【配偶者氏名】乙野梅子 【従前戸籍】東京都千代田区平河町一丁目4番地　甲野幸雄 【縁組日】平成33年1月17日 【共同縁組者】妻 【養子氏名】乙川英助 【送付を受けた日】平成33年1月20日 【受理者】大阪市北区長 【認知日】平成35年1月7日 【認知した子の氏名】丙山信夫 【認知した子の戸籍】千葉市中央区千葉港5番地　丙山竹子
戸籍に記録されている者	【名】梅子 【生年月日】昭和41年1月8日　　【配偶者区分】妻 【父】乙野忠治 【母】乙野春子 【続柄】長女
身分事項 　出　　生	【出生日】昭和41年1月8日

発行番号000001

以下次頁

図表13－3　婚姻届

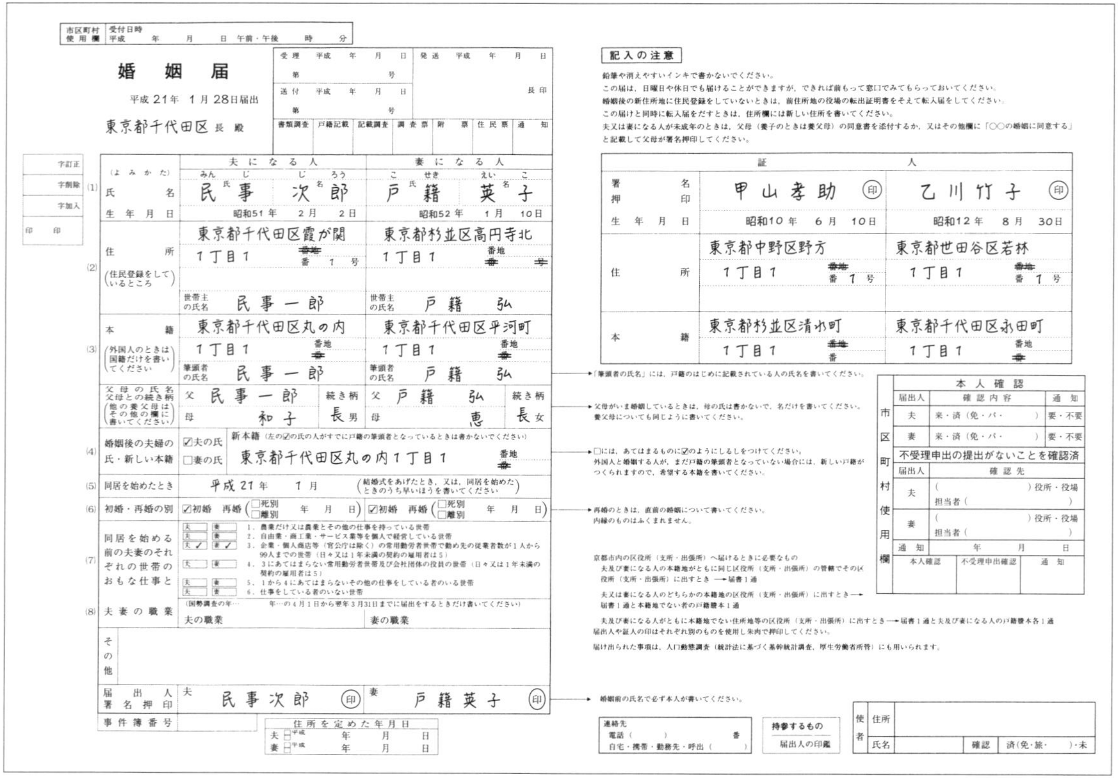

婚姻届

平成21年 1月28日届出

東京都千代田区 長 殿

市区町村使用欄	受付日時 平成　年　月　日 午前・午後　時　分

受理 平成　年　月　日 第　号	発送 平成　年　月　日
送付 平成　年　月　日 第　号	長印

書類調査	戸籍記載	記載調査	調査票	附票	住民票	通知

		夫になる人	妻になる人
(1)	（よみかた）	みん じ　じ ろう	こ せき　えい こ
	氏名	民事 次郎	戸籍 英子
	生年月日	昭和51年 2月 2日	昭和52年 1月 10日
(2)	住所（住民登録をしているところ）	東京都千代田区霞が関 1丁目1 番 1 号	東京都杉並区高円寺北 1丁目1 番地
	世帯主の氏名	民事 一郎	戸籍 弘
(3)	本籍（外国人のときは国籍だけを書いてください）	東京都千代田区丸の内 1丁目1 番地	東京都千代田区平河町 1丁目1 番地
	筆頭者の氏名	民事 一郎	戸籍 弘
	父母の氏名 父母との続き柄（他の養父母はその他の欄に書いてください）	父 民事 一郎 母 和子 続き柄 長男	父 戸籍 弘 母 恵 続き柄 長女
(4)	婚姻後の夫婦の氏・新しい本籍	☑夫の氏 □妻の氏	新本籍（左の☑の氏の人がすでに戸籍の筆頭者となっているときは書かないでください） 東京都千代田区丸の内1丁目1 番地
(5)	同居を始めたとき	平成21年 1月	（結婚式をあげたとき、または、同居を始めたときのうち早いほうを書いてください）
(6)	初婚・再婚の別	☑初婚 再婚（□死別 □離別 年 月 日）	☑初婚 再婚（□死別 □離別 年 月 日）
(7)	同居を始める前の夫妻のそれぞれの世帯のおもな仕事と	夫 妻	1. 農業だけまたは農業とその他の仕事を持っている世帯 2. 自由業・商工業・サービス業等を個人で経営している世帯 3. 企業・個人商店等（官公庁は除く）の常用勤労者世帯で勤め先の従業者数が1人から99人までの世帯（日々または1年未満の契約の雇用者は5）（夫✓ 妻✓） 4. 3にあてはまらない常用勤労者世帯及び会社団体の役員の世帯（日々または1年未満の契約の雇用者は5） 5. 1から4にあてはまらないその他の仕事をしている者のいる世帯 6. 仕事をしている者のいない世帯
(8)	夫妻の職業	（国勢調査の年…　年…の4月1日から翌年3月31日までに届出をするときだけ書いてください） 夫の職業	妻の職業
	その他		
	届出人署名押印	夫 民事次郎 印	妻 戸籍英子 印
	事件簿番号		

住所を定めた年月日			
夫 平成	年	月	日
妻 平成	年	月	日

記入の注意

鉛筆や消えやすいインキで書かないでください。
この届は、日曜日や休日でも届けることができますが、できれば前もって窓口でみてもらっておいてください。
婚姻後の新住所地に住民登録をしていないときは、前住所地の役場の転出証明書をそえて転入届をしてください。
この届けと同時に転入届をだすときは、住所欄には新しい住所を書いてください。
夫又は妻になる人が未成年のときは、父母（養子のときは養父母）の同意書を添付するか、又はその他欄に「〇〇の婚姻に同意する」と記載して父母が署名押印してください。

証人			
署名押印	甲山孝助 印	乙川竹子 印
生年月日	昭和10年 6月 10日	昭和12年 8月 30日
住所	東京都中野区野方 1丁目1 番 1 号	東京都世田谷区若林 1丁目1 番 1 号
本籍	東京都杉並区清水町 1丁目1 番	東京都千代田区永田町 1丁目1 番地

→「筆頭者の氏名」には、戸籍のはじめに記載されている人の氏名を書いてください。

→父母がいま婚姻しているときは、母の氏は書かないで、名だけを書いてください。
養父母についても同じように書いてください。

→□には、あてはまるものに☑のようにしるしをつけてください。
外国人と婚姻する人が、まだ戸籍の筆頭者となっていない場合には、新しい戸籍がつくられますので、希望する本籍を書いてください。

→再婚のときは、直前の婚姻について書いてください。
内縁のものはふくまれません。

京都市内の区役所（支所・出張所）へ届けるときに必要なもの
夫及び妻になる人の本籍地がともに同じ区役所（支所・出張所）の管轄でその区役所（支所・出張所）に出すとき→届書1通
夫又は妻になる人のどちらかの本籍地の区役所（支所・出張所）に出すとき→届書1通と本籍地でない者の戸籍謄本1通
夫及び妻になる人がともに本籍地でない住所地等の区役所（支所・出張所）に出すとき→届書1通と夫及び妻になる人の戸籍謄本各1通
届出人や証人の印はそれぞれ別のものを使用し朱肉で押印してください。
届け出られた事項は、人口動態調査（統計法に基づく基幹統計調査、厚生労働省所管）にも用いられます。

→婚姻前の氏名で必ず本人が書いてください。

市区町村使用欄	本人確認		
届出人	確認内容	通知
夫	来・済（免・パ・　）	要・不要
妻	来・済（免・パ・　）	要・不要
不受理申出の提出がないことを確認済		
届出人	確認先	
夫	（　）役所・役場 担当者（　）	
妻	（　）役所・役場 担当者（　）	
通知	年 月 日	
本人確認	不受理申出確認	通知

連絡先
電話（　）　番
自宅・携帯・勤務先・呼出（　）

持参するもの
届出人の印鑑

使者	住所		
	氏名	確認	済（免・旅・　）・未

※図表13－1～3は法務省HPより転載

(2) 婚姻の効果

① 身分上の効果

　夫婦は、婚姻によって、同じ氏（うじ）（＝姓）を称する（750条）。夫婦のどちらの氏を選んでもよい。夫婦は同居しなければならない（752条）。ただし、強制することはできない。また、夫婦は、互いに協力し扶助しなければならない（752条）。生活の維持、看護、子の養育などが含まれる。

② 財産上の効果

　夫婦は、「その資産、収入その他一切の事情を考慮して、婚姻から生ずる費用を分担する」（760条）。共同生活から生じる債務のうち、日常の家事に関する債務については、夫婦は連帯責任を負う（761条）。たとえば、妻が米を買う場合、妻は契約の当事者であるから、買主として代金を支払う義務がある。夫は買主ではないが、支払う義務を負う。

　夫婦は、夫婦の財産関係を自由に決めることができる（755条）。この取り決めを**夫婦財産契約**という。夫婦財産契約は、婚姻の届出前に登記する必要がある（756条）。夫婦財産契約をしなかった夫婦は、**別産制**を採用したものとして取り扱われる（755条）。夫婦の一方が婚姻前から有していた財産および婚姻中に一方の名で取得した財産は、共有になることなく、その者の単独の財産（**特有財産**（とくゆうざいさん）） となる（762条1項）。どちらに帰属するか分からない物は共有とされる。

3　婚姻の終了——離婚の要件と効果

　婚姻が終了する原因は離婚と配偶者の死亡である。後者に関して民法は規定を置いていない。当たり前だからである。以下、離婚について説明しよう。

(1) 協議離婚

　夫婦は、協議によって離婚することができる（**協議離婚**。763条）。婚姻と同様、当事者の合意と届出によって離婚は成立する（764条による739条の準用）。

(2) 裁判離婚

　当事者間に合意が成立しない場合でも、裁判によって離婚することができる（裁判離婚）。

① 有責離婚と破綻離婚

　民法770条は、裁判によって離婚をするときの条件を定めている。相手方に非難すべき事情がある場合に離婚の訴えを認める立場を、**有責主義**という。1項1号の「配偶者に不貞な行為があったとき」とは、浮気という不貞な行為（夫婦間の貞操義務に反する行為のこと）をした者が、離婚に同意しないときに適用される。2号の「悪意の遺棄」も、正当な理由なく夫婦の同居協力義務に違反した者（たとえば、正当な理由もないのに家出して帰ってこない、生活費を渡さない）が、離婚に同意しないときに適用される。

　これに対し、非難すべき事情の有無にかかわらず、夫婦関係が破綻した場合に離婚を認める立場を**破綻主義**という。5号の「**その他婚姻を継続し難い重大な事由があるとき**」とは、夫婦関係が破綻してしまい、元に戻すことができないような場合を指すものと理解されている。暴行・虐待、重大な侮辱、性格の不一致、長年の別居など、様々な場合がある。その中には、夫婦関係は冷えきっており、一方は離婚したいが、相手方に非難すべき点がない場合もある。有責主義の立場からは離婚は認められないが、20世紀に入って人権思想が広まっていくにつれて、不幸な婚姻を強制することが望ましいかが問われるようになり、むしろ離婚を認める方が幸せなのではないか、との考えが有力になった。形だけの婚姻の継続は望ましいものとはいえず、相手方に非難すべき事情がない場合でも離婚の訴えが認められるようになった。

② 有責配偶者からの離婚請求

　それでは、浮気をして夫婦関係を破綻させた者（有責配偶者という）も、夫婦関係の破綻を理由として離婚を求めることはできるだろうか。

　この問題に関する最高裁の立場は変遷した。当初、最高裁は、離婚の訴えは認められないとした。離婚される側は浮気された上に、離婚までされてしまい、「俗にいう踏んだり蹴ったりである。法はかくの如き勝手気儘を許すものではない」。また、そのような離婚を認めてしまうと、離婚したければ浮気を

すれば良いということになる。それでは、裁判離婚制度そのものが形骸化してしまう。信義則（クリーンハンドの原則）に反するという理解である。

　しかし、離婚を認められないまま、有責配偶者の側が浮気相手と何十年も同居しているというケースが存在する。そのような場合に、何十年も昔の浮気を責め立てて、離婚を認めないというべきなのかが問われるようになった。実体のない婚姻を戸籍上でのみ継続させることへの批判や、浮気された側のいわば仕返しを裁判所が手助けするのかという批判もあるだろう。

　その後、最高裁は、当初の立場を変更し、「……有責配偶者からされた離婚請求であっても、夫婦の別居が両当事者の年齢及び同居期間との対比において相当の長期間に及び、その間に未成熟の子が存在しない場合には、相手方配偶者が離婚により精神的・社会的・経済的に極めて過酷な状態におかれる等離婚請求を認容することが著しく社会正義に反するといえるような特段の事情の認められない限り」という条件付きで、有責配偶者からの離婚の訴えを認めた（最高裁大法廷昭和62年9月2日判決）。

　このような解釈上の問題が生じるのは、5号の規定が抽象的だからである。裁判官の負担が大きく、もっと形式的に破綻を認めるように改正すべきとの指摘がなされている。

(3) 離婚の効果

　離婚は婚姻関係の終了である。婚姻によって発生した法的効果は、離婚によって消滅する。

① 身分上の効果

　夫婦の氏は元に戻るが、一定の手続きをとれば、婚姻中の氏を継続できる（767条）。夫婦の同居協力義務は消滅する。

　離婚によって、子供はどのような取り扱いを受けるだろうか。婚姻中、夫婦は共同して親権を行使する（818条）。離婚をすると、親権者を1人に定めなければならない（819条）。その他、子の監護に関する事項を定めることもできる。親権者にならなかった側も、法律上の親子関係は存続する。親として養育費を負担しなければならない。子供との面会交流も重要な事項である。子供と

会って話をし、手紙をやり取りすること等は、子供の成長にとって重要である。ただし、面会交流が親の権利といえるかは問題である。子の福祉という立場からは、面会交流が制限されるということもありうる。

② 財産上の効果

民法768条は、**財産分与請求権**を定める。財産分与においては、婚姻中に増えた財産の清算が基本となるが、扶養的な要素や慰謝料的な要素も含めることもできる。

⑷ 内　　縁

法律上の婚姻をしていない男女関係においても、婚姻届を出していないだけで事実上夫婦と同様の生活を送っている関係がある。これを内縁という。

大審院（かつての最高裁）は、共同生活を一方的に打ち切られた内縁の女性を保護するために、婚姻の予約（いわゆる婚約とは違うので注意）の不履行、つまり約束違反を認定し、損害賠償の請求を認めた。この判決以降、内縁は婚姻ではないが、一定の範囲で婚姻と同様に取り扱われるようになった。内縁の保護は、判例によるほか、立法によってもなされている（借地借家法36条のほか、国民健康保険法等がある）。

ただし、最近では、意図的に婚姻届けを出さないカップルをどこまで保護する必要があるかという疑問が投げかけられている。判例の中にも保護しないケースが現れている（最高裁平成16年11月18日判決）。

内縁の法的効果については、一般的には、戸籍の届出を前提とする効果、たとえば相続権や夫婦同氏などは認められない。これに対して、夫婦間の共同生活関係の調整を目的とする規定、たとえば同居義務や協力扶助義務は、内縁にも認められるとされる。

4　親子（1）──実親子関係

法律上の親子関係には、血縁に基づく実親子関係と血縁に基づかない養親子関係がある。以下では、まず実親子関係からみていこう。

　母と子の親子関係は、法律上、分娩の事実により当然発生する。母子関係は、生物的な親子関係に基づいて容易に設定することができる。

　これに対し、父子の間には分娩という事実が存在せず、生物的な親子関係を証明することは容易ではない（ただし、近時は、DNA鑑定によって極めて高い精度で確認できるようになっている。DNA鑑定の取扱いは重要な法律問題となっている）。そのため、父と子の法的な親子関係は、母子間のように生物的な親子関係を根拠とすることは困難である。そこで、法は、母親のパートナーを子の父親とするルールを作り上げた。逆にいえば、婚姻は、子の父を誰にするかという問題に対応するために生まれた制度ともいえるだろう。

　法律上の夫婦関係にある男女から生まれた子を、嫡出子（ちゃくしゅつし）と呼ぶ。これに対して、婚姻していない女が産んだ子を、嫡出でない子（非嫡出子）と呼ぶ。

(1) 嫡　出　子

　妻が婚姻中に懐胎（かいたい）した子は、当該婚姻の夫の子と推定される（772条1項）。しかし、婚姻中の懐胎だったかどうかは容易には分からないため、民法は、婚姻してから200日経過後に生まれた子と、婚姻の解消若しくは取消し（以下、離婚で代表させる）から300日以内に生まれた子を、婚姻中に懐胎した子と推定している（同条2項）。

　ただし、2022年の民法（親子法制）改正によって、離婚後300日以内に生まれた子であっても、母の再婚後に子が生まれた場合には、離婚前の夫ではなく再婚後の夫が子の父と推定されることとなった。これは、子の懐胎時から出生時までに2つ以上の婚姻がなされた場合、「その子は、その出生の直近の婚姻における夫の子と推定する」ためである（772条3項）。

　また、2022年の改正前は、婚姻してから200日以内に生まれた子は、条文上婚姻中の懐胎の推定を受けないため、非嫡出子として取り扱われるようにも思えた。しかしかつての日本では、実際の社会生活においては、披露宴を挙げ、子供が生まれることで、嫁と認められた。そのため、共同生活を始めたのに婚姻の届出をしていない人が多く、届出後200日以内に子が生まれるという事態が生じた。大審院は、内縁が先行する場合には、「出生ト同時ニ当然ニ父母ノ

嫡出子タル身分ヲ有スル」との判決を下した（大審院連合部昭和15年1月23日判決）。この判決によれば、内縁の継続中であれば、届出から200日以内に出生した子についても、嫡出子として取り扱うことになる。内縁が先行しているかどうかは役所では確認できないから、役所は、婚姻届さえ出ていれば、嫡出子として受け付けるようになった（なお、嫡出子として受け付けてもらえるが、嫡出子として（つまり夫の子として）届け出る義務はない（民法772条の推定を受けないため）。母親は出生届の父親の欄は空白にしておくことができる）。

　このように複雑な状況が生じていた中で、2022年の民法（親子法制）改正は、婚姻してから200日以内に生まれた子について、婚姻前に懐胎したものと推定する旨の規定を設けた（772条2項）。婚姻してから200日以内に生まれた子を「婚姻前に懐胎した」子と推定すると、その子は、新設された民法772条1項後段が適用される子（「婚姻前に懐胎した子」であって、婚姻成立後に生まれた子）になるから、当該婚姻の夫がその子の父と推定されることになる。

　民法772条による子の嫡出の推定は、嫡出否認の訴えによって覆すことができる（774条）。嫡出否認権は、2022年の改正前は夫にのみ認められていたが、改正によって子及び母にも認められることとなった（同条1項及び3項）。

(2) 嫡出でない子

　嫡出でない子の父子関係は、認知によって発生する（779条）。民法779条による認知は、父の任意に委ねられている（「できる」と定められているから）。

　では、父が子を認知しないときは、どうしたらいいだろうか。子は認知の訴えを裁判所に提起することができる（787条）。生物的な親子関係の証明が必要となるが、父子間には、母子関係のように分娩という証拠はない。最近では、DNA鑑定が用いられるが、鑑定は強制できないことに注意しよう。

　認知によって、父と子の間に法律上の親子関係が発生する。父母が婚姻していない場合、子は非嫡出子となる。それでは、嫡出子と非嫡出子との間には、法律上どのような違いがあるだろうか。かつて、非嫡出子は、嫡出子の兄弟がいる場合、相続分を差別されていた（嫡出子の兄弟の半分）。しかし、この差別は最高裁によって違憲と判断され（最高裁大法廷平成25年9月4日決定）、国会で

条文の一部（900条四号ただし書前半部分）が削除された。

　近年、人工生殖や**代理出産**など、民法が予想しなかった親子関係が議論になってきている。2020年12月には、生殖補助医療により出生した子の親子関係に関する民法の特例が定められた（生殖補助医療法9条、10条）。また、代理出産については、最高裁の判例が存在する（最高裁平成19年3月23日決定）。最高裁は、代理出産を依頼した女性ではなく代理母（分娩した女性）が法律上の母になるとしつつ、「代理出産については法制度としてどう取り扱うかが改めて検討されるべき状況にある」とし、「立法による速やかな対応が強く望まれる」と述べている。

(3) ま と め（2022年の改正を反映したもの）

　　・母子関係……分娩の事実によって発生

　　　　　　　　｜婚姻中に懐胎した子→当該婚姻の夫の子と推定
　　　　　　　　｜婚姻前に懐胎した子（婚姻後200日以内に生まれた子）
　　　　　　　　｜　　　　　　　　　　→婚姻した夫の子と推定
　　・父子関係｜離婚後300日以内に生まれた子
　　　　　　　　｜・母の再婚後に生まれた場合→再婚後の夫の子と推定
　　　　　　　　｜・上記以外の場合　　　　　→離婚前の夫の子と推定
　　　　　　　　｜婚姻関係にない女性の子→認知によって発生

5　親子（2）——養親子関係

　養子制度は、生物的な親子関係に基づかずに親子関係を法的に発生させる制度である。

　諸外国においては、養子制度の目的を家庭のない子に家庭を与えることに限定し、養親に厳格な要件を課した上で、一定の年齢差を設けるなど親子としての形にも目を配っている。

　これに対し、日本の養子制度は非常に制限が緩く、様々な目的の養子縁組を認めるものとなっている。日本では、家庭のない子を保護するための養子は稀であり、再婚に伴う連れ子養子や「家」の存続を目的とする成年養子が多いと

いわれている。

(1) 普通養子

普通養子は、基本的には婚姻と同様、当事者が養子縁組の合意をして、市役所に届出をすればよい（799条）。主な制限は、養親となる者が20歳に達していること（792条）、尊属と年長者は養子にできないこと（793条）、である。

未成年であっても、15歳以上であれば、自ら養子縁組をすることができる。15歳未満の者については、法定代理人がその者に代わって縁組の承諾をすることができる（797条）。

養子縁組の解消を離縁という。離縁も、基本的には離婚と同様に取り扱われている。婚姻の規定が数多く準用される。

(2) 特別養子

望まれない出産による子を引き取り、自分の実の子として届け出るという社会問題がある。「藁の上からの養子」といい、いわゆる菊田医師事件において社会に衝撃を与えた。菊田医師は、1979年4月に、「生まれたばかりの男の赤ちゃんをわが子として育てる方を求む」という広告を出した。同医師は、子の生命を救うために、中絶手術を望んで訪れた女性に堕胎を思いとどまるよう説得し、子供に恵まれない夫婦にその子を引き取ってもらう斡旋をし、出生証明書の偽造も行っていた。このことが新聞記事になり、大きな社会問題となった。この事件は、特別養子制度の導入（1987年）へと結実していった。

特別養子制度では、児童福祉法の精神に照らして、子のための養子制度とすることが目指されている。そのため、特別養子には以下の特徴がある。

まず、普通養子の場合、実親との親子関係は消滅しない。子は、実親子関係と養親子関係の2つの親子関係をもつことになる。これに対し、特別養子においては、実親との親子関係は消滅し、養親子関係のみとなる（817条の9）。

また、特別養子縁組の場合、養親は25歳以上で、婚姻をしていなければならない。養子となる者の年齢も原則として15歳未満とされている（817条の5）。家族にふさわしい形をとることが目指されているからである。さらに、里親と

して 6 カ月以上共に生活をした上で（817条の 8 ）、「父母による養子となる者の監護が著しく困難又は不適当であることその他特別の事情がある場合に」、家庭裁判所が養子縁組を成立させる（817条の 7 ）。

6　親権・後見（保佐・補助）および扶養

(1)親　　権

親権とは、未成年の子を監護養育し（820条）、その財産を管理・代理する（824条）親の権利をいう。親権は義務性を併せもっている。したがって、親が子を虐待をするというような場合、親権の喪失などが認められる（834条以下）。さらに、2022年の民法（親子法制）改正は、懲戒権の規定（旧822条）を削除し、子の人格の尊重と体罰等の禁止を定めた（821条）。

(2)後　　見

民法は、未成年後見と成年後見の 2 つの後見制度を規定する（838条）。未成年者に親権を行使する者がない場合には、未成年後見人が指定される。未成年後見人は、未成年者の身上監護（857条）、財産の管理・代理を行う（859条等）。これに対して、成年後見は、年齢ではなく、事理を弁識する能力を欠くことを理由として宣告される後見である。家庭裁判所によって成年後見人が指定され（843条）、成年被後見人の財産の管理・代理を行う（859条）（未成年者、成年後見制度については 2 章参照）。

なお、保佐と補助についても、家庭裁判所の審判により、保佐人と補助人に代理権が与えられる場合がある（876条の 4 、876条の 9 ）。ただし、後見とは異なり、代理権の範囲は包括的なものではなく、特定の行為に限定されている。

(3)扶　　養

近代国家において、人々の生存を確保することは国家の義務である（憲法25条）。しかし、民法は、親族間において助け合うべきことを規定している（扶養義務）。扶養義務を課される親族の範囲は、身近な親族である直系血族と兄弟

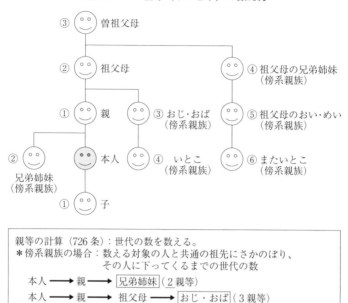

図表13‐4　親等（しんとう）の数え方

```
親等の計算（726条）：世代の数を数える。
＊傍系親族の場合：数える対象の人と共通の祖先にさかのぼり、
　　　　　　　　　　その人に下ってくるまでの世代の数

本人 ──→ 親 ──→ 兄弟姉妹（2親等）
本人 ──→ 親 ──→ 祖父母 ──→ おじ・おば（3親等）
本人 ──→ 親 ──→ 祖父母 ──→ おじ・おば ──→ いとこ（4親等）
```

姉妹に限定されている（877条1項）。3親等以内の親族にも課しうるが、家庭裁判所の審判を要する。

　扶養の内容について、民法は定めを置いていない。当事者間の協議に委ねられているといってよいだろう。では、引取り扶養を求めることはできるだろうか。老親が子に引取り扶養を求めた事件で、家庭裁判所はこれを認めなかった。当事者が望まない引取り扶養は、家族の中に問題を抱え込ませることになる。妻と未成熟子の扶養を老人扶養に優先させることが、近代の扶養制度の理念というべきであろう。扶養は、金銭扶養が原則であるともいえよう。

14章 　相　　続

1　はじめに

　ある者が死亡したとき、その者の財産はどうなるだろうか。人の死亡は法的主体の消滅を意味している。では、法的主体を離れて、財産権とその客体のみが存在することになるだろうか。そのようなことはあり得ない。死亡した者の財産は、新たな法的主体に帰属することになる。これを可能にするのが相続という制度である。誰を新たな帰属先とするかは時代や社会状況を反映して様々であるが、近代国家の多くは、近親者に帰属させるようである。

　また、所有者は、所有物を自由に処分することができる。この自由は、遺言という制度によって、自分の死後の財産処分についても認められている。死亡による財産の移転は、遺言がある場合には遺言に従い、遺言がない場合には民法が定める方法（法定相続）に従うことになる。

　相続に関する法制度（以下、相続法という）の主な部分は、民法第5編に定められている。相続法は2018年に改正されたが、この改正は昭和55年以来の大規模な改正であった。「人生50年」と言われた時代に作られた民法典は、その後、家族の小規模化を経て、現在では少子高齢社会という新たな社会状況に直面している。こうした社会の変化に伴い、相続法に期待される役割・機能にも変化が生じていた。2018年の相続法改正は、被相続人死亡後の配偶者の生活への配慮や、遺言の利用促進・紛争防止など、社会の変化に対応した改正を数多く含んでいる。

2　法定相続

(1) 相続の開始と相続財産

　相続は、死亡によって開始する（882条）。相続人（相続する人）は、相続開始の時点で、被相続人（相続される人＝死亡者）の財産に属した一切の権利・義務を承継する（896条）。

　ただし、被相続人の一身に属した権利・義務は除かれる（例：憲法14条の「栄典」。演奏する債務や絵を書く債務）。また、祭祀財産（例：位牌や墓）の承継の仕方も、相続の原則とは異なっている（897条）。

(2) 相続人と法定相続分

　民法は、**相続人となる者の順序**を定めている。まず、被相続人の子と配偶者が相続人となる（887条、890条）。子が被相続人よりも先に死亡していた場合には、死亡した子の子が相続人となる。このような相続を代襲相続という（887条2項）（「襲う」という言葉には「地位を受け継ぐ」という意味もある）。子がいない場合には、被相続人の直系尊属と配偶者が相続人となる。子も直系尊属もいない場合には、兄弟姉妹と配偶者が相続人となる。

　複数の相続人が存在する場合（これを**共同相続**という）、各相続人は相続財産に対して一定の持分をもつことになる。この持分のことを**相続分**と呼んでいる。相続分は1/2とか1/3といった割合で示される。相続分は遺言によって定めることができる。遺言がない場合には、民法に定められている相続分（**法定相続分**）が適用される。たとえば、配偶者と子3名が相続人となる場合をみてみよう。まず配偶者1/2、子（全員）1/2となる（900条1号）。つぎに、子同士は同じ割合となるから、全員で1/2の相続分を3人で分割する（900条4号）。子は1人当たり1/6となる（$1/2 \times 1/3 = 1/6$）。

(3) 相続の放棄・限定承認・単純承認

　相続人は、相続しなければならないのだろうか。たとえば、相続財産は借金

ばかりで、プラスの財産がほとんどない場合には、相続したくない気持ちにもなるだろう。相続は放棄できる（**相続放棄**という）。また、プラスの相続財産の範囲内でのみ借金を弁済することも可能である（**限定承認**という。922条。プラスの財産と借金のどちらが多いか分からない場合に有益である）。

　相続放棄や限定承認をするためには、下記の手続きをとる必要がある。手続きをとらなければ、相続を**単純承認**したものとみなされ（921条）、一身専属権を除いて、プラスの財産も債務もすべて相続することになる（920条）。

　相続放棄をするためには、相続開始があったことを知った時から3カ月以内に、家庭裁判所に相続放棄を申 述 しなければならない（938条、915条1項）。限定承認をするためには、上記の期間内に財産目録を家庭裁判所に提出し、相続人全員で限定承認の申述をしなければならない（923条、924条、915条1項）。

　なお、相続放棄をする場合でも、相続財産を管理している場合には、きちんと管理をしておく必要がある（940条）。もし相続財産を処分したり隠匿したりすれば、相続放棄は認められない。

(4) 相続欠格と相続人廃除

　相続人が相続権を剥奪される場合がある。たとえば、被相続人や先順位相続人を殺した者は相続人になれないし、遺言書を偽造・破棄・隠匿した者も相続人になれない。これは、相続秩序を乱したことに対する民事上の制裁である。

　被相続人は、ある者を相続人にしたくないという場合、家庭裁判所に相続人廃除の請求することができる（892条）。家庭裁判所は、被相続人に対する虐待や重大な侮辱、その他著しい非行がある場合に、廃除の審判をする。

3　複数の相続人と遺産分割

　共同相続人の場合、相続財産は共同相続人の共有になる（898条）。共有になった相続財産は、**遺産分割**を経て、相続人個人の所有に帰することになる。

　では、遺産はどのように分割するのだろうか。まず、共同相続人の協議によって決めることになる（907条）。協議が 調 えば（＝合意に達すれば）、それに

従って遺産分割がなされる。協議が調わないときや協議ができないときは、各共同相続人は家庭裁判所に分割を請求することができる。

　相続した預貯金債権は遺産分割の対象になる（最高裁大法廷平成28年12月19日決定）。そのため、相続人は遺産分割協議が成立するまでは払戻しを受けることができない。しかし、2018年の相続法改正によって、当面の生活費や葬式費用の支払のために一定限度まで預貯金の払戻しが認められた（909条の2）。

　民法は、法定相続分による分割が適切でない場合について配慮している。例えば、兄は、父の生前、自分の借金1000万円を父に穴埋めしてもらっていたとしよう。この場合、父親の遺産4000万円を兄弟で2000万円ずつに分けると、兄の方が、父から支援を受けていた分、得をすることになる。そこで、生前の支援分（1000万円）を相続財産に加えた上で（これを持戻しという）、相続財産（5000万円）を法定相続分に従って分割する（903条）。弟は2500万円を相続し（5000万円×1／2）、兄は1500万円を相続することになる（5000万円×1／2＝2500万円。2500万円－1000万円＝1500万円。支援を受けた分1000万円は、あらかじめ相続財産の一部をもらっていたと取り扱われる）。以上のように、被相続人から遺贈または生計の資本などのために贈与を受けた相続人については、その分を考慮して相続分が計算される。この制度を**特別受益**という。2018年の相続法改正は、被相続人の建物等への配偶者の居住を保護する観点から、一定の要件のもとで、遺贈または贈与された建物等を持戻しの対象としないとする規定を導入した（903条4項）。

　以上とは逆に、相続人が相続財産の形成に寄与している場合についても、配慮がなされている（904条の2）。父の遺産4000万円は、兄の財産上の貢献（1000万円相当）があって形成されたとしよう。この場合、父の遺産は、兄の貢献分（1000万円）を除いた3000万円として計算される。これを平等に分割し、弟の相続分は1500万円になる。兄は、弟と同じ1500万円に加えて、自らの貢献分1000万円を相続する（合計で2500万円）。この制度を**寄与分**という。

　法定相続分によって分けるだけでは、平等な相続を実現したことにはならないことに注意しよう。なお、相続開始時から10年経過した後になされる遺産分割については、上記の調整の規定は適用されない（904条の3。ただし、10年経過

前に相続人が家庭裁判所に遺産分割を請求した場合などを除く。同条1号、2号）。

4　相続人の不存在

　相続人がいない場合には、相続財産は法人として取り扱われ、管財人が選任される。管財人は、相続人を捜索するとともに、権利を主張する相続債権者・受遺者に対して弁済をする。

　清算を終えて、なお財産が残っている場合、家庭裁判所は、特別縁故者に相続財産の全部または一部を与えることができる（958条の3）。民法は、特別受益者として、「被相続人と生計を同じくしていた者、被相続人の療養看護に努めた者」を例示している。内縁の配偶者が念頭に置かれている。

　特別縁故者に与えてもなお相続財産が残る場合には、残った財産は国庫に帰属することになる（959条）。

5　遺　　言

　遺言は、被相続人の意思に基づいて相続財産を処分する行為であり、法律行為である（法律行為については3章参照）。したがって、契約と同様、基本的には私的自治が妥当する。遺言によって法定相続分と異なる相続分を指定することができるし、家や銀行預金など特定の財産について処分の仕方を定めることもできる。遺言は15歳から可能となる（961条）。

　このように遺言には私的自治が認められる一方で、内容と方式については制限がある。

　まず、民法は、遺言を厳格な要式行為として規定する。通常、諾成契約としての売買について、その内容に疑義が生じれば、本人に確認すればよい。しかし、遺言に関しては、遺言者自身はすでに死亡しているから、確認できない。そこで、遺言は、一定の形式を備えなければ遺言として認められない。

　次に、遺言の内容も制限されており、民法に定められた事項等、一定の事項についてのみ遺言することができる。「仲良く暮らしなさい」、「長女の寄与は

半分とする」といった遺言は法的には意味がない。

　遺言者は、遺言を自由に撤回することができる（1022条）。契約は、一定の事由がなければ解除・取消しはできない。また、贈与における自由な解除は、書面がある場合にはできない。これに対し、遺言は、理由を示すことなく自由に撤回できる。遺言者の最終の意思を尊重するためである。

　遺言により財産を与えることを**遺贈**（いぞう）といい、遺贈を受ける者を**受遺者**（じゅいしゃ）という。

(1) 遺言の種類

　民法960条は、「遺言は、この法律に定める方式に従わなければ、することができない」と定める。普通方式として3種類、特別方式として4種類の遺言が定められている（967条）。

　最も一般的な遺言は、**自筆遺言証書**（じひついごんしょうしょ）**による遺言**である。この遺言書は、遺言者自身が自らの手で紙の上に遺言内容を書くことで作成される。その際、日付と氏名を書き、印を押せば完成となる（968条）。非常に容易に作成できるが、法律の専門的知識がない場合、遺言できる事項の制限を知らないまま、法的に意味のない遺言をしてしまう場合もある。また、遺言者以外の者による遺言書の破棄・隠匿という遺言書の保管に関する問題も抱えている（この問題に対処するために、2018年の相続法改正によって、法務局で自筆証書遺言を保管する制度が創設された。この制度は、民法ではなく遺言書保管法に定められている。また、同年の改正では、自筆証書遺言の方式も緩和された。968条2項）。

　上記の問題点をクリアする遺言は、**公正証書による遺言**である。公正証書遺言は、公証人（実務経験を有する者の中から法務大臣が任命する公務員であり、公証役場で執務する）という法律の専門家に書いてもらう遺言である（969条）。この遺言書は、遺言者が公証人に遺言内容を伝え、公証人が遺言書の形式に仕上げることで作成される。遺言者は、作成費用と証人を準備し、作成された遺言書に署名し、押印する。公証人役場に遺言書が保管されることから、破棄・隠匿の問題も生じない。

　秘密証書遺言は、自筆証書遺言とほぼ同じ方法で作成した遺言書を、公証人

に提出し、認証を受けることでなされる遺言である。自筆証書遺言と異なり、自書は要件ではない。したがって、他人に書いてもらっても良い。

(2) 遺言の効力と執行

遺言者の死亡によって、遺言は効力を生ずる（985条）。遺言による財産の移転は、受遺者が遺言者の死亡を知らなくても発生する。受遺者は**遺贈を放棄**することができる（986条）。

遺言による権利変動を登記・登録するためには、検認の手続きを経なければならない。**検認**<ruby>けんにん</ruby>は、遺言書の保管者が遺言者の死亡後速やかに家庭裁判所に遺言書を提出することによって開始する。利害関係人の面前で開封した後、裁判所において記録をとることで行われる。検認調書が作成され、遺言書に添えることで遺言は執行可能になる。

また、遺言者は、遺言執行人を指定することができる。遺言執行人は、遺言通りに相続財産を処分する。したがって、遺言執行人が指定されると、相続人は勝手に所有権移転登記手続きなどができなくなる。

6　配偶者居住権

家族の小規模化と社会の高齢化に伴い、高齢の夫婦の一方が死亡した後、他方配偶者の生活をどのように保護するかが問題となっている。たとえば、夫婦が夫名義の家屋で長く一緒に暮らしていた場合、高齢の妻は、夫の死亡後、そのままその家屋に住み続けたいと思うであろう。この場合、妻はその家屋の所有権を相続によって取得することが考えられる。しかし、他にも相続人がいる場合、妻は家屋を取得すると、他の遺産（銀行預金など）を取得できる割合が少なくなる。これでは、高齢の妻の生活が立ち行かなくなる。

そこで、2018年の相続法改正によって、家屋の所有権を取得しなくてもその家屋に無償で住み続けられる権利が導入された（**配偶者居住権**）。配偶者居住権とは、被相続人の配偶者が、被相続人の財産であった建物に相続開始時に居住していた場合、その建物を終身の間無償で使用・収益できるとする権利である

（1028条以下）。配偶者居住権は家屋の利用権であるから、その価値は家屋そのものの価値よりも低い。そのため、配偶者居住権によって居住を継続する場合、妻は、家屋を取得する場合よりも、銀行預金などの遺産をより多く取得できることになる。

　配偶者居住権は、遺産分割または遺贈によって付与されるほか、家庭裁判所の審判によっても付与される（1028条、1029条）。家庭裁判所は、共同相続人の合意がない場合であっても、一定の要件のもとで配偶者居住権を付与することができる（1029条2号）。

　以上のほか、遺産分割までの無償の使用を認める配偶者短期居住権もある（1037条）。

7　遺留分制度

　遺言の内容は、基本的には遺言者の自由に委ねられている。では、遺言によって相続人の相続分をゼロにし、すべての遺産を、たとえば自分の愛人に与えることはできるだろうか。遺言の自由はそこまでは認められない。

　民法は、法定相続人のうち一定の相続人に対して**遺留分**を認めている（1042条）。遺留分権利者は、受遺者に対して、遺留分侵害額に相当する金銭の支払を請求できる（1046条）。たとえば、配偶者と子は、法定相続分の1/2を遺留分として有している。したがって、たとえ遺言で相続分をゼロとされても、遺留分侵害額に相当する金銭の支払請求権（金銭債権）を取得することになる。

8　特別の寄与

　相続人でない者の無償の寄与によって、被相続人の相続財産が減らなかったり増加したりすることがある。たとえば、妻が夫の親Aを無償で介護した結果、Aは施設に入所せず自宅で過ごすことができ、その分、施設入居費を支払わずにすんだという場合である。

　妻は、夫の親の相続人ではない。そのため、妻は、無償で夫の親Aに尽くし

たにもかかわらず、相続によってはＡの財産を一部でも受け取ることはできない。このような場合については従来も一定の対応がなされていたが、2018年の相続法改正によって**特別の寄与**という制度が導入された。この制度によれば、被相続人に対して無償で療養看護などの労務の提供をし、そのことによって被相続人の財産の維持や増加について特別の寄与をした者は、特別寄与者として、相続の開始後、相続人に対して特別寄与料の支払を請求することができる（1050条）。特別寄与者は、被相続人の親族であって、かつ相続人等以外の者（上記の例ではＡの子の妻）に限定されている。当事者が特別寄与料の額について合意できないときは、家庭裁判所がその額を定める（1050条３項）。

9　所有者不明土地の発生の抑制

　2021年、大きな社会問題となっていた所有者不明土地の増加に対処するために、様々な法制度の導入や法改正が行われた。民法改正（特に第２編）のほか、相続をきっかけとする所有者不明土地の発生を抑制するために、新法の制定および不動産登記法の改正が行われた（なお、相続以外にも、相続人に対する遺贈も対象とされているが、以下では遺贈の記載は省略する）。

⑴ 相続によって取得した土地を国庫に帰属させる制度
　相続によって土地所有権を取得した者が、その土地を国庫に帰属させることができる制度が創設された（相続等により取得した土地所有権の国庫への帰属に関する法律）。この制度は、上記の土地所有者が法務大臣に対して国庫帰属の承認申請をし（相続土地国庫帰属法２条）、法務大臣が国庫帰属を承認し（同法５条）、承認申請者が10年分の管理負担金を納付し（同法10条）、納付の時点で土地所有権が国庫に帰属する（同法11条）、という仕組みになっている。
　国庫帰属の承認申請の対象となる土地については、建物がないこと、担保権などが設定されていないこと、土壌が汚染されていないこと、所有権の存否や範囲に争いがないことなど、一定の要件が設けられている（同法２条３項各号）。また、法務大臣の承認についても、通常の管理・処分を阻害する工作物

がないことなど、一定の要件が設けられている（同法5条各号）。

(2) 相続による所有権移転登記の義務化

　不動産登記法が改正され、相続によって不動産の所有権を取得した者は、所有権移転登記を申請しなければならないとされた（不動産登記法76条の2）。申請期間は、自己のために相続の開始があったことを知り、かつ、当該所有権を取得したことを知った日から3年以内とされている。

索　引

■執筆者紹介（50音順）

いくた としやす
生田敏康　福岡大学法学部教授　1章、3章2・3、7章、8章、9章1・2

はたなかひさや
畑中久彌　福岡大学法学部教授　2章、4章〜6章、9章3、14章（共同執筆）

みちやまはるのぶ
道山治延　福岡大学法学部教授　13章、14章（共同執筆）

みのわやすひろ
蓑輪靖博　福岡大学法学部教授　10章〜12章

やなぎけいこ
柳　景子　福岡大学法学部准教授　3章1

Horitsu Bunka Sha

民 法 入 門〔第2版〕

2017年8月1日　初　版第1刷発行
2021年9月10日　第2版第1刷発行
2023年4月20日　第2版第2刷発行

　　　　　生田敏康・畑中久彌
著　者　　道山治延・蓑輪靖博
　　　　　柳　景子

発行者　　畑　　光

発行所　　株式会社 法律文化社

〒603-8053
京都市北区上賀茂岩ヶ垣内町71
電話 075(791)7131　FAX 075(721)8400
https://www.hou-bun.com/

印刷：中村印刷㈱／製本：㈲坂井製本所
装幀：白沢　正

ISBN 978-4-589-04167-8

生田敏康・下田大介・畑中久彌・道山治延
蓑輪靖博・柳 景子著

民 法 総 則〔第2版〕

A5判・200頁・2200円

民法総則をはじめて学ぶ人のためのコンパクトな入門書。抽象度が高く難解な民法総則を、体系にそってわかりやすく解説。複雑な制度は図表やイラストを用い理解を助ける工夫をした。成年年齢引下げに伴う関連規定の改正など最新の動向に対応。

生田敏康著

債 権 法 入 門

A5判・268頁・2750円

判例・通説をふまえたオーソドックスな内容で、債権法全般を扱う初学者向けテキスト。そのエッセンスを簡潔かつわかりやすく解説。「契約」「債権」「不法行為ほか」の3部構成、理解のしやすさから「契約」から始める。

潮見佳男・中田邦博・松岡久和編
〔〈18歳から〉シリーズ〕

18歳からはじめる民法〔第5版〕

B5判・114頁・2420円

18歳の大学生（とその家族、友人たち）が日常生活において経験しうるトラブルを題材に、該当する法律関係・制度をわかりやすく解説。第4版刊行（2021年2月）以降の法改正をフォローして改訂。

渡邊 力編

民 法 入 門 ノ ー ト

B5判・166頁・3520円

"騙されて結んだ契約はどうなる""相手が契約を守らなかったら""交通事故に巻き込まれてしまったら"数々の身近な問題にひきつけて民法の果たす役割をよみとく。各テーマ2頁読み切り。穴埋め問題と巻末練習問題で理解度確認もできる。

松岡久和・松本恒雄・鹿野菜穂子・中井康之編

改正債権法コンメンタール

A5判・1040頁・7700円

改正債権法を中心とする注釈書。改正条文ごとに冒頭に新旧条文を掲載し、改正理由・概要を解説。新法と従来の判例準則・通説との異同、他の法領域（執行・倒産法制など）との関係、改正が実務に与える影響を明らかにする。改正に至らなかった条文にも論及。

─────── 法律文化社 ───────

表示価格は消費税10%を含んだ価格です